ブルーガイド
てくてく歩き ㉑

JN011588

石垣

竹富

西表島

目次 てくてく歩き —— 石垣・竹富・西表島

ブルーガイド

Page Contents

4	目的地さくいん地図
6	日常から遠く離れた南へ
10	さぁ、どの島へ行こう？
12	八重山の大自然で遊ぶ
14	楽園のような八重山の海
16	海の魚図鑑
18	美味珍品
20	ベストシーズンカレンダー
22	主な問い合わせ先

24	**旅の準備のアドバイス**
25	個別手配で旅の予約
29	フリープラン型ツアーで旅の予約
30	石垣島から八重山の島じまへのアクセス
32	島内の交通手段
34	南ぬ島 石垣空港
35	島めぐりの旅を組み立ててみよう
36	八重山を快適に旅するために
37	服装と持ち物

八重山の島じま

40	**石垣島**
42	石垣島・過ごし方のヒント
44	島の思い出を美しく撮るワンポイント講座[石垣島編]
53	スポーツの島で 見る派？動く派？
58	南の島のスイーツ
60	おみやげ どこで買う？
70	マリン・フィールドアクティビティ／石垣島

71	**竹富島**
72	竹富島・過ごし方のヒント
76	島の思い出を美しく撮るワンポイント講座[竹富島編]
82	種子取祭

84 **小浜島**
89 嘉弥真島

90 **黒島**
92 仲本海岸海中散歩

94 **新城島**

96 **西表島**
100 西表島・過ごし方のヒント
102 自分の目で足で 西表島を歩く旅
114 ピナイサーラの滝へトレッキング
116 美しいサンゴ礁をシュノーケリング
118 のんびり島時間　船のみで渡る船浮
120 西表島の自然を楽しむための準備
121 マリン・フィールドアクティビティ／西表島

125 **鳩間島**

127 **波照間島**

132 **与那国島**
134 与那国島・過ごし方のヒント
136 花酒　アルコール度数60度の泡盛づくり
138 与那国 謎の海底遺跡
144 マリン・フィールドアクティビティ／与那国島

 # 八重山をもっと楽しむ

146 旅のことば事典
150 八重山の歴史ダイジェスト
151 星と海の基礎講座
154 八重山みやげを作る・ひろう・育てる
156 八重山諸島の祭りとイベント

158 さくいん

てくちゃん

てくてく歩きシリーズの案内役を務めるシロアヒル。趣味は旅行。旅先でおいしいものを食べすぎてほぼ飛ぶことができなくなり、徒歩と公共交通機関を駆使して日本全国を気ままに旅している。

目的地 さくいん地図

51 南の島の自然を満喫できるエリア・スポット

73 離島らしいのどかさのあるエリア・スポット

40 ぜひ訪れたいエリア・スポット

34 この本で紹介しているエリア・スポット

1:39,000,000
0　　　500km
N

北京

日本海

ソウル　東京

太平洋

伊豆諸島

上海

東シナ海

小笠原諸島

沖縄本島
宮古島
台湾　石垣島　南大東島

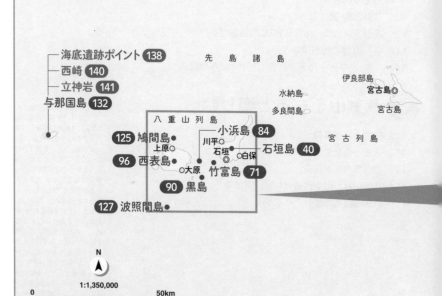

黄尾嶼
（久場島）

赤尾嶼
（大正島）

魚釣島　　尖閣諸島

先島諸島

海底遺跡ポイント **138**

西崎 **140**

立神岩 **141**

与那国島 **132**

伊良部島
宮古島○

水納島

多良間島　　　　　　宮古島

八重山列島　小浜島 **84**

125 鳩間島　　　川平
上原○　　石垣●　白保　石垣島 **40**

96 西表島　　　大原○　　竹富島 **71**

90 黒島

127 波照間島●

宮古列島

N

1:1,350,000
0　　　　　　50km

4

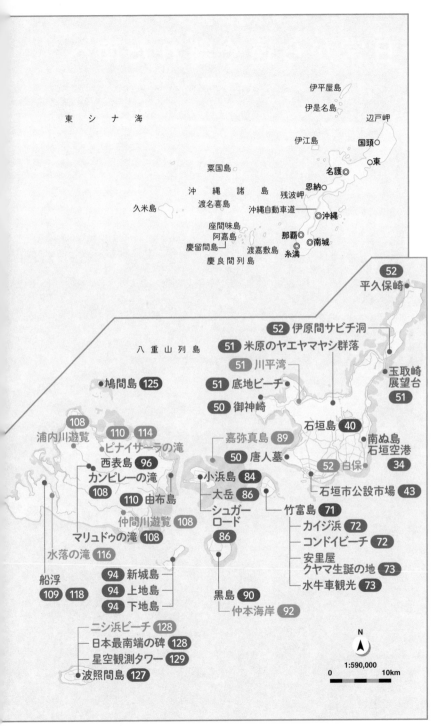

東 シ ナ 海

伊平屋島
伊是名島
辺戸岬
伊江島
国頭○
○東
粟国島○
名護◎
恩納○
沖縄諸島
残波岬
久米島
渡名喜島
沖縄自動車道
◎沖縄
座間味島
那覇◎
◎南城
阿嘉島
慶留間島
渡嘉敷島
糸満◎
慶良間列島

目的地さくいん地図

平久保崎 ● 52

伊原間サビチ洞 52

八重山列島

米原のヤエヤマヤシ群落 51

川平湾 51

玉取崎
展望台
51

鳩間島 125

底地ビーチ 51

御神崎 50

石垣島 40

浦内川遊覧 108

110 114

南ぬ島
石垣空港
34

ピナイサーラの滝

嘉弥真島 89

西表島 96

唐人墓 50

カンピレーの滝
108

白保 52

小浜島 84

石垣市公設市場 43

110 由布島

大岳 86

仲間川遊覧 108

シュガー
ロード
86

竹富島 71

マリュドゥの滝 108

カイジ浜 72

水落の滝 116

コンドイビーチ 72

船浮
109 118

94 新城島
94 上地島
94 下地島

安里屋
クヤマ生誕の地 73

黒島 90

水牛車観光 73

仲本海岸 92

ニシ浜ビーチ 128
日本最南端の碑 128
星空観測タワー 129
波照間島 127

N

1:590,000
0   10km

〜のんびり島時間を過ごす〜

日常から遠く離れた南へ

写真／北島清隆

**石西礁湖
新城島〜西表島**
せきせいしょうこ
あらぐすくじま〜いりおもてじま

　色とりどりのサンゴの
海に囲まれた沖縄・八重
山地方。真っ青の海上か
ら新城島を望む。左の下
地島は全体が牧場地、右
の上地島は小さな集落が
アダンなどの植物に囲ま
れているのが対照的だ。
後方に見えるのは亜熱帯
のジャングル、西表島。島
南部の大原地区と豊原地
区集落を望む。

竹富島 たけとみじま

石垣から高速船でたったの10分。日帰りでも十分観光できる島だが、急ぎ足でまわっても、多分その魅力のすべては伝わってこない。のんびり時間が流れている南の島の小径。風の音や花の香りを味わいながら歩きたい。

のんびり派には
サンゴ礁でできた小さな島

　石垣空港へ降りると、むわっとした亜熱帯の空気とともに、スローモーな時間の流れが感じられる。あわただしい日常から離れて、はるか南の島に来たのだから、ゆっくり過ごすのもいいだろう。

　それぞれに雰囲気の異なるたくさんの島から、自分の好みの島を見つけるのも八重山の旅の醍醐味だ。竹富島では掃き清められた白砂の道を、シャリシャリと音をたてて歩くのが心地いい。黒島は竹富島と同様に平坦な島だが、島の大部分が牧草地で、まったく空気が異なる。波照間島も似たような島だが、とくに印象的なのは、風が吹くとさわさわと音を立てるサトウキビ畑。ニシ浜ビーチでは、モンパの木の下の木陰で読書するのも贅沢な過ごし方。そう、南の島では昼寝することを忘れてはならない。

由布島　ゆぶじま

　島全体が亜熱帯植物園。一年中色とりどりの花が咲き乱れている。西表島から400mほど離れたこの島へは、水牛車で浅瀬をゆらりゆらりと揺れながら渡る。水牛が分け入る水の音と三線の旋律に、柔らかい、ゆったりとした気持ちが溢れる。

**北島清隆
（きたじま・きよたか）**
東京都出身。1986年にマリンスポーツのインストラクターとして小浜島を訪れた際、美しい海と自然に魅せられて石垣島に移住。海と島と空の彩りをテーマに沖縄をはじめ南の島の風景、海や水中写真を中心に撮影し広告やポスター、雑誌、WEB、写真展などで活躍中。
www.studio-bythesea
.com

9

さぁ、どの島へ行こう？

与那国島

八重山諸島は無人島も含めて大小19の島群で、沖縄本島からさらに約430km南西にある。主島である石垣島と、西表島のまわりは穏やかなサンゴ礁の海が広がり、竹富島、小浜島、新城島、黒島などが点在する。サンゴ礁の海の外側には日本最南端の有人島である波照間島、最西端の与那国島、鳩間島などが波間に浮かぶ。

おもしろいのは、これだけの近さに島がありながら、それぞれ独自の雰囲気があることだ。大きな島、小さな島、平たい島、山のある島…自分の好みや目的を考えて行く島を選ぼう。

与那国島→p.132
（よなぐにじま）

台湾に近い断崖絶壁の島

石垣島から約117km離れた絶海に浮かぶ日本最西端の島。県内では8番目に大きく、周囲は起伏に富んでいるので、徒歩での移動は不適。自然景観、海底遺跡をはじめとした水中ポイントはダイナミック。

ネイチャー
★★★
赤瓦
★★★
リゾート
―

波照間島→p.127
（はてるまじま）

日本最南端の有人島

有人島としては日本最南端。島の中心には石垣や赤瓦、樹齢百年を超すフクギ並木など、昔ながらの町並みが残る。集落をはずれるとサトウキビ畑がつづくばかりで、のんびりした雰囲気。

ネイチャー
★
赤瓦
★★★
リゾート
―

鳩間島→p.125
（はとまじま）

海を間近に感じる小島

石垣島からの船は北風の吹く冬期に欠航も多く、実際以上に距離を感じる島。あまり観光地化されておらず、静かに過ごせる。小さくて平坦なので、気が向いたときに好きなビーチに行ける。

ネイチャー
★
赤瓦
★★★
リゾート
―

西表島→p.96
（いりおもてじま）

亜熱帯のジャングル

沖縄本島に次ぐ2番目の大きさで、島の約90％が亜熱帯の原生林。海はもちろん山も川もあるから、ジャングルを散策したり、カヌーを漕いだり、遊び方はバラエティに富んでいる。

ネイチャー
★★★★★
赤瓦
★
リゾート
★★

石垣島→p.40

いしがきじま

八重山諸島の中心地

　周囲約166kmの島で、市街地は飲食店やホテルが並ぶ都市としてにぎわう。市街地を少し外れると牧歌的な風景が広がる。山や森、マングローブの川、鍾乳洞など、地形的に変化があるのも魅力。

ネイチャー
★★★★
赤瓦
★
リゾート
★★★★

鳩間島

石垣島

小浜島

西表島

竹富島

黒島

新城島

波照間島

ネイチャー＝自然のなかで楽しめるツアーの充実度
赤瓦＝美しい赤瓦屋根の印象度
リゾート＝リゾートホテルなど施設の充実度

さあ、どの島へ行こう？

新城島→p.94

あらぐすくじま

ふたつの島が向かい合う

　新城島は、丸い形をした下地島と細長い上地島のふたつの島の総称。住人は計10名前後。周辺の海は美しく、石垣や周辺の島からの日帰りツアーが出ている。定期船はなく、宿泊施設もない。

ネイチャー
★★
赤瓦
★★
リゾート
ー

小浜島→p.84

こはまじま

八重山諸島の真ん中

　NHKドラマ「ちゅらさん」の舞台となった島。サトウキビ畑、古い民家、マングローブ林など、八重山らしい景観が凝縮している。一方、ホテルやゴルフ場もあり、八重山屈指のリゾート地でもある。

ネイチャー
★★
赤瓦
★★★
リゾート
★★★★★

黒島→p.90

くろしま

どこに行っても牛に会う

　サンゴ礁でできた平たい島。島の大部分が放牧地で、牛の数は人口の約10倍。この島のよさは何もないこと。のんびりするにはうってつけ。ダイビングやシュノーケルなど、海での遊びもおすすめ。

ネイチャー
★★★
赤瓦
★★★
リゾート
ー

竹富島→p.71

たけとみじま

赤瓦の伝統的な町並み

　赤瓦屋根が並ぶ町並みは国の重要伝統的建造物群保存地区に指定され、その景観や文化が継承されている。民家の軒先には南国の花も咲いている。島内は自転車、または徒歩でまわるのにちょうどいい広さだ。

ネイチャー
★★
赤瓦
★★★★★
リゾート
★★★

豊かなジャングル、美しいビーチ

八重山の大自然で遊ぶ

**サンゴ礁の海にも亜熱帯の山々にも
ほかでは見られない珍しい動植物が存在**

　八重山諸島の島じまは、亜熱帯海洋性気候に属している。年平均気温は24度、冬でも平均18.3度という暖かさだ。

　ゼリーのように透明でエメラルドグリーンの色をしている八重山の海。海の水がきれいに見えるのは海底が白い砂地で、浮遊物が少ないことが挙げられる。黒潮の影響で、水温が高く、生物にとっては栄養分に乏しく厳しい環境だが、そのなかでもサンゴ礁はオアシス的な存在だ。

　八重山のビーチはおおまかに砂地と、サンゴ礁でできた複雑な地形とに分けられる。砂地の代表は竹富島のコンドイビーチ。砂の白さが海底にまで続き、透明な海の美しさを作り出している。果てしなく遠浅で安全だが、魚の姿はあまり見ることはできない。眺めたり、水遊びをしたりするには気持ちがいい。一方、黒島の仲本海岸や嘉弥真島付近、西表島のバラス周辺などでは水深3〜5kmのサンゴ礁にカラフルな熱帯魚が観察できる。

　エコツアーが盛んな西表島は、島のほとんどが300〜400m級の山岳地帯となっていて、亜熱帯の原生林が繁茂する。イリオモテヤマネコをはじめとして、希少な生物が数多く生息している。豊富に雨が降り、いくつもの渓流や滝のある西表島で自然を堪能するには、カヌーがおすすめだ。ガイド付きのツアーも多数ある。潮の引いた干潟を歩いてみたり、山道をトレッキングするのもおもしろい発見が多い。

　また、石垣島も中央に山々が連なっている。山の形が印象的な野底岳への登山や、マングローブが茂る吹通川でのカヌーなど、ネイチャーポイントがある。

（写真左）西表島・ピナイサーラの滝とヒナイ川／（写真右上）小浜島のビーチ／（写真右下）石垣島・野底岳山頂

西表島の森の中には、大小さまざまな滝が流れ落ちているよ

美しさと迫力が交差する海中
楽園のような
八重山の海

呼吸するのも忘れるほど青くにぎやか

　石垣島と西表島の間の海域は、石西礁湖
と呼ばれ、波の静かなサンゴの海が広がる。
このサンゴ礁を形成する枝サンゴやテーブ
ルサンゴは、イソギンチャクやクラゲと同
じ動物の一種。共生する藻類の光合成に依
存しているため、栄養分の少ない亜熱帯の
浅い海でもよく育つ。この豊かなサンゴの
森をすみかとするカラフルな魚たちは、外
敵から身を守るため、いつでもサンゴの枝
や岩の割れ目にすべりこめるように機敏に
動きまわっている。

ダイナミックな生物が行き交う

　また、流れの速い海域にはマンタと呼ば
れるオニイトマキエイ、与那国島近海では
特徴的な形をしたハンマーヘッドシャーク
や巨大なのに愛らしいジンベエザメなどダ
イナミックな生物が生息している。広い海
を優雅に回遊する姿は圧巻だ。このバリエ
ーションこそ、八重山の海が常に世界のダ
イバーを魅了してやまない理由なのだ。

ハンマーヘッドシャークの群れ（与那国島）

HINT　旬を狙って
　　　海中散歩

八重山諸島の海ではさまざまな魚を見ることができるが、ダイビングのライセンスがあれば、旬の時期を狙って魚に出合ってみるのもいい。

夏から秋にかけて人気なのはマンタ。冬場はウミウシなど小さいがカラフルな生物が見られる。冬から春にはコブシメ（コウイカ）の産卵時期。通年見られるクマノミやウミガメは老若男女にポピュラー。特に最近はウミガメがかなり間近で見られる。

デバスズメダイが乱舞する西表島のバラス周辺のサンゴの根。体験ダイビングはもちろんシュノーケリングでも見ることができるよ

南海の楽園を彩る魚たち

海の魚図鑑

石西礁湖と呼ばれる石垣島と西表島の間の海域は豊かなサンゴの森。ここをすみかとする魚たちはまるで競い合うかのようにカラフルな色と模様だ。

ウツボ

岩の影から顔だけを出していることが多い。鋭い歯をもつが、見かけによらず性格はおとなしい。八重山では食用にしたりもする。(体長70㎝)

ハリセンボン

方言名はアバサー。サンゴ礁周辺に棲む。刺激をすると腹をふくらませ、とげを直立して威嚇する。(体長20㎝)

ハマクマノミ

イソギンチャクをすみかにして、隠れるのがうまい。クマノミのなかでもオレンジ色の体に1本の白いラインがあるのが目印。(体長8㎝)

イシガキカエルウオ

イソギンポの仲間。サンゴや岩の上に乗っていることが多く、巣穴から顔だけ出していることもある。(体長7㎝)

ハナミノカサゴ

海底近くの岩影や暗いところにいることが多い。小魚や甲殻類を食べている。ヒレのとげに毒があるので、手を触れないように。(体長25㎝)

オニイトマキエイ

熱帯・亜熱帯のサンゴ礁海域に生息し、マンタと呼ばれて親しまれている。秋から冬にかけて石垣島の川平石崎に多く出現する。(体長250㎝)

ノコギリダイ

銀色の体に黄色い筋と斑紋があるのが特徴。体の色は状況によって変化する。リーフのエッジや根のまわりに群れをつくっている。(体長20㎝)

コブシメ

熱帯海域に分布する甲イカの一種。ふだんは、わりと深いところにいるが、冬から春の繁殖シーズンにはリーフ内にも姿を見せる。(体長50㎝)

イバラカンザシ

鰓冠が2本の螺旋状になっている。欧名はクリスマスツリーワーム。サンゴの上などに生息し、赤や青などのバリエーションがある。(体長3㎝)

ニジハタ

全身が鮮やかな朱色をしているが、白や褐色、縞模様などにも変化する。単独で泳ぐことが多くサンゴ礁の浅瀬でよく見かける。(体長20㎝)

メガネゴンベ

目の後ろにオレンジ色、赤、青の3層からなる模様があり、メガネのように見える。危険を感じるとサンゴのなかに身を隠す。(体長10㎝)

ハナグロチョウチョウウオ

サンゴ礁の浅瀬に棲むチョウチョウウオの仲間で、黄色い縞模様が斜めに入っているのが特徴。(体長3㎝)

サザナミヤッコ

エサの多い岩礁やサンゴの根などにいる。幼魚は「さざ波」模様をしているのに対して、成魚(写真)は青い斑点があるのが特徴。(体長40㎝)

ヒレジャコガイ

大きくて頑丈な貝殻をもつ二枚貝の仲間。殻口からのぞかせるビロードのような外套膜は青や緑、茶などの色がある。(殻長18㎝)

※体長は目安です

八重山で一度は食べたい

美味珍品

石垣タウンには、八重山の島々の
郷土料理の店も多くあり、食べ歩きが楽しい。
美味あり珍味あり、ほろ苦〜い薬草あり…
豊かな自然の恵みに感謝しつつ、おいしく頂こう。

石垣牛

潮風にあたって育つ石垣牛は味のよさから
全国トップブランド。とくにJA八重山郡推薦
の最高級石垣牛は肉厚でやわらかい。

ココがポイント！

ゆっくり味わうならステー
キで。島人はカジュア
ルにバーベキュー！

石垣牛ステーキ
ジューシーなステーキは「担たん亭」(p.56)などで食
べられる。「焼肉金牛」(p.55)をはじめ、石垣牛の焼肉
店も増加中。

リュウキュウイノシシ

八重山諸島では石垣島と西表島に生息する
リュウキュウイノシシは、普通よりやや小さ
い。狩猟解禁になるのは例年11/15〜2/15。

ココがポイント！
にんにくの芽と一緒にチ
ャンプルー(炒めもの)に
すると旨みも際立つ！

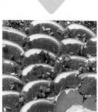

イノシシの刺身
西表の宿「海の家南ぬ風」
(p.123)では新鮮な刺身
をニンニク醤油で味わ
う。石垣でも食べられる
店がある。

オオタニワタリ

ジャングルのなかに葉を広げている植物だ
が、八重山では食用として屋敷内に植えられ
ていたりする。

オオタニワタリの料理
ゼンマイに似た形。新芽
の先を煮物や天ぷらにし
て食べる。おひたしにし
ても美味。

ヤギ

八重山全体で家畜として飼われているヤギは約900頭。何かめでたい事があるときに食することが多い。

ヤギ刺
汁や刺身がポピュラーで、刺身にできるのは1歳程度のオスのみ。写真の右側はヤギ玉で左はそのスライス。「一休食堂」(p.55)はヤギ料理専門店だ。

ココがポイント！
スープにしていただく「ヤギ汁」には、独特の香りをやわらげるための香草としてヨモギを使用。

イラブチャー

サンゴ礁の海にすむ美しいブルーの魚。夜眠るときは外敵から身を守るため、エラから粘液を出して透明の寝袋をつくる。

イラブチャーの刺身
和名はアオブダイ。刺身は石垣島などの、多くの居酒屋のメニューにある。フライも美味。

長命草 ちょうめいそう

生命力がみなぎるセリ科の多年草で、民家の軒先などに生えている。ひと株食べると1日長生きするといわれている。

長命草の天ぷら
からりと揚げた天ぷらはおいしい。若い葉は刺身のつまとして食卓にのぼることも。

ヤシガニ

ヤドカリの一種で海辺のアダンの林に潜んでいる。大きなものは重さ1kgにもなる。夜行性で夜になってアダンの実を食べにガサガサと出てくるところをつかまえる。

ココがポイント！
味噌をスープのベースにしてそばを入れたり、鍋にしたり…が島人流！

ゆでヤシガニ
ゆでてそのまま食べるのが一般的。身の美味しさもさることながら、味噌も旨みたっぷりで濃厚。

ベストシーズンカレンダー

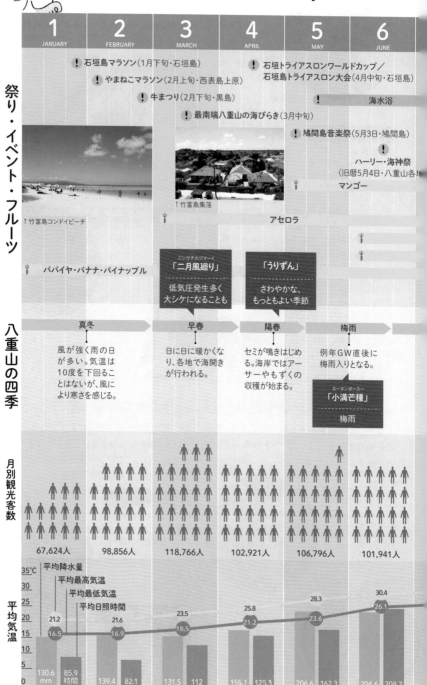

	1 JANUARY	**2** FEBRUARY	**3** MARCH	**4** APRIL	**5** MAY	**6** JUNE

祭り・イベント・フルーツ

- ❗ 石垣島マラソン(1月下旬・石垣島)
- ❗ やまねこマラソン(2月上旬・西表島上原)
- ❗ 牛まつり(2月下旬・黒島)
- ❗ 最南端八重山の海びらき(3月中旬)
- ❗ 石垣トライアスロンワールドカップ／石垣島トライアスロン大会(4月中旬・石垣島)
- ❗ 海水浴
- ❗ 鳩間島音楽祭(5月3日・鳩間島)
- ❗ ハーリー・海神祭(旧暦5月4日・八重山各地)

マンゴー

アセロラ

↑竹富島コンドイビーチ

↑竹富島集落

パパイヤ・バナナ・パイナップル

ニンガチカジマーリ
「二月風廻り」
低気圧発生多く大シケになることも

「うりずん」
さわやかな、もっともよい季節

八重山の四季

真冬	早春	陽春	梅雨
風が強く雨の日が多い。気温は10度を下回ることはないが、風により寒さを感じる。	日に日に暖かくなり、各地で海開きが行われる。	セミが鳴きはじめる。海岸ではアーサーやもずくの収穫が始まる。	例年GW直後に梅雨入りとなる。

スーマンボースー
「小満芒種」
梅雨

月別観光客数

67,624人	98,856人	118,766人	102,921人	106,796人	101,941人

平均気温

35℃

- 平均降水量
- 平均最高気温
- 平均最低気温
- 平均日照時間

	1月	2月	3月	4月	5月	6月
平均最高気温	21.2	21.6	23.5	25.8	28.3	30.4
平均最低気温	16.5	16.9	18.5	21.2	23.6	26.1
平均降水量	130.6mm	139.4	131.5	155.1	206.6	206.6
平均日照時間	85.9時間	82.1	112	125.3	162.3	208.7

※イベント等の開催月日は変更になる場合があるので各HPなどで事前にご確認ください。

20

7 JULY	8 AUGUST	9 SEPTEMBER	10 OCTOBER	11 NOVEMBER	12 DECEMBER

! 与那国島国際カジキ釣り大会(7月第1金・土・日曜日)

! 石垣島まつり
（11月第1土・日曜日）

! 南の島の星まつり(旧暦七夕前後・石垣島)

(5月中旬〜10月)

! 豊年祭(旧暦6〜7月・八重山各地)

! 竹富島の種子取祭
（旧暦9月か10月の9日間）

! オリオンビアフェストIN石垣(7月上旬の日曜)

! アンガマ(旧盆・八重山各地)

! 与那国島一周マラソン
（11月上旬・与那国島）

! 結願祭(旧暦8月頃・八重山各地)

! とぅばらーま大会(旧暦8月13日・石垣島)

⍓ グァバ

! 祖納・星立の節祭(旧暦8〜9月・西表島)

↑ 与那国島立神岩

パッションフルーツ

ドラゴンフルーツ

マフェー
「真南風」

真夏に吹く南風

ミーニシ
「新北風」

ある日突然吹きだす
涼しい秋風。
夏の終わり

真夏 — 残暑 — 秋 — 晩秋 — 冬

連日太陽が照り
つけるが、風があ
るのでじっとりと
した暑さではない。

この時期の台風
は大型化しやすい。

朝夕は若干涼し
いが、まだまだ泳
げる。

春と同じくさわや
かな気候。

風が冷たくなり、
冬至を境に小雨
が降り始める。

台風

| 110,035人 | 135,591人 | 109,916人 | 115,329人 | 88,693人 | 82,776人 |

32.0 / 27.6	31.8 / 27.1	30.7 / 25.8	28.7 / 23.7	25.8 / 21.1	22.7 / 18.0
130.4 / 264.5	261.6 / 235.2	257.7 / 193.6	204.5 / 158.4	156.5 / 115.8	126.3 / 100.7

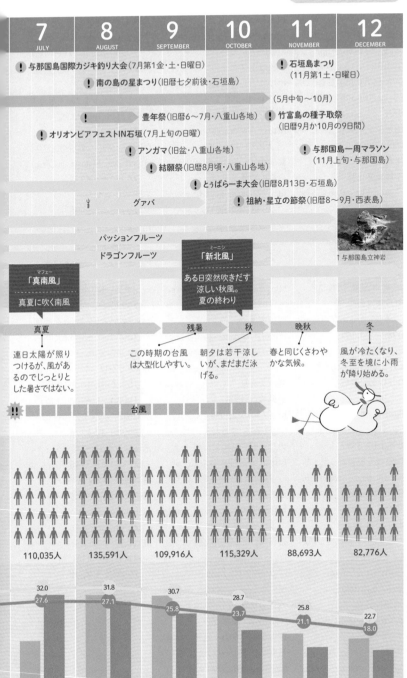

● 平均降雨量と ● 平均日照時間

21

主な観光・交通の問い合わせ先一覧

■観光全般
沖縄観光コンベンションビューロー
https://www.ocvb.or.jp/
　♪098-859-6123（那覇）
　♪098-857-6884（那覇空港）
　♪03-5220-5311（東京）
　♪06-6344-6828（大阪）
八重山ビジターズビューロー
　♪0980-87-6252
●石垣島
石垣市観光文化課
https://www.city.ishigaki.okinawa.jp/
　♪0980-82-1535
石垣市観光交流協会
https://www.yaeyama.or.jp/
　♪0980-82-2809
●竹富島、小浜島、黒島、新城
島、西表島、鳩間島、波照間島
竹富町政策推進課
https://www.town.taketomi.lg.jp/
　♪0980-82-6191
竹富町観光協会
https://painusima.com/
　♪0980-82-5445
●与那国島
与那国町役場交流推進班
https://www.town.yonaguni.okinawa.jp/
　♪0980-87-3577
与那国町観光協会
https://welcome-yonaguni.jp/
　♪0980-87-2402
■航空会社
日本航空（JAL）、
日本トランスオーシャン航空（JTA）、
琉球エアーコミューター（RAC）
https://www.jal.co.jp/
　♪0570-025-071
全日空（ANA）
https://www.ana.co.jp/
　♪0570-029-222
スカイマーク
https://www.skymark.co.jp/
　♪050-3786-0283

Peach（APJ）
https://www.flypeach.com/
　♪0570-001-292
ジェットスター（JJP）
https://www.jetstar.com/
　♪0570-550-538
ソラシドエア（SNJ）
https://www.solaseedair.jp/
　♪0570-037-283
■船会社
八重山観光フェリー
https://www.yaeyama.co.jp/
　♪0980-82-5010
安栄観光
https://www.aneikankou.co.jp/
　♪0980-83-0055
石垣島ドリーム観光
https://www.ishigaki-dream.co.jp/
　♪0980-84-3178
福山海運
https://fukuyamakaiun.ti-da.net/
　♪0980-87-2555（与那国島）

■バス会社
東運輸（石垣島）
http://www.azumabus.co.jp/
　♪0980-87-5423
カリー観光石垣営業所
https://www.karrykanko.com/
　♪0980-88-0117
西表島交通
https://www.iriomote.com/
　♪0980-85-5305
最西端観光（与那国島）
https://yonaguni-okinawa.com/
　♪0980-87-2441
■タクシー
八重山タクシー事業協同組合
　♪0980-82-4488
■主なレンタカー会社
日産レンタカー（石垣空港店）
https://nissan-rentacar.com/shops/3P3B3
　♪0980-84-4123

ニッポンレンタカー
https://www.nipponrentacar.co.jp/
　♪0980-82-3629（石垣島）
　♪0980-84-4010（石垣空港
　　営業所）
オリックスレンタカー石垣島店
https://car.orix.co.jp/
　♪0980-83-8543
OTSレンタカー（石垣空港前店）
https://www.otsinternational.ne.jp/
　♪0980-84-4323
石垣島レンタカー
　♪0980-82-8840
南の島のレンタカー（石垣島）
　♪0980-83-7304
小浜島総合案内所（小浜島）
　♪0980-85-3571
レンタカー結（小浜島）
　♪0980-85-3388
やまねこレンタカー（西表島）
　♪0980-85-5111（大原）
　♪0980-85-6111（上原）
西表サザンレンタカー（西表島）
　♪0980-84-7005（大原）
　♪0980-85-6906（上原）
与那国ホンダ（与那国島）
　♪0980-87-2376
米浜レンタカー（与那国島）
　♪0980-87-2148
■道路インフォメーション
道路交通情報センター
https://www.jartic.or.jp/
　♪050-3369-6666
■気象案内
沖縄気象台天気相談所
　♪098-833-4290

旅のプランニング

さぁ、八重山諸島へ！

旅の準備のアドバイス

クルマや鉄道では決してアプローチできない八重山諸島。
空路か海路でたどることになるのだが、
まず旅行の第一歩は交通機関や宿の手配だ。

●バラエティに富んだ旅の申し込み方

旅の手配をする際には、インターネットや携帯電話のサイトによるものなど、申し込み方もさまざまだが、何も知らないで予約をすると損をする場合もある。最も一般的な予約手配の方法は、旅行会社が主催するフリープラン型パッケージツアー。往復航空券＋ホテル1泊プランで、正規航空運賃の往復より安い場合がある。団体旅行のわずらわしさはなく、飛行機や宿を、自分で組み立てることもできるのだ。

一方、自分で手配する個別手配でも、申し込み方によっては航空券やホテルを正規料金より大幅な割引で予約することもできる。フリープランや個別手配の裏ワザを活用して、少しでも安く自分の目的にかなった旅を実現したい。

●まずは自分の旅のスタイルを見極めよう

自分が何にポイントをおき、どのような旅を望んでいるのかを、しっかり見極めることが大切。とくに八重山諸島は遠いので、滞在できる時間によっても左右されるだろう。

旅の値段の比較

「アートホテル石垣島のオーシャンビューカジュアルツインに2名で2泊した場合、1名あたりの代金（東京発、2023年9月12日）の一例

■JALダイナミックパッケージ⇒7万7200円
■楽天トラベル航空券付き宿泊プラン⇒7万6800円
■ホテルのホームページから飛行機＋宿泊プラン⇒7万6800円

ホテルも航空券も、日程によって金額が変動するようになったので、ネット経由で申し込む場合は金額に大差ない状況になっている。

1週間以内で楽しみたい	1週間以上で気ままにめぐりたい	リゾートホテルでのんびりしたい	短時間で多くの島を観光したい

3泊4日前後の滞在なら、「個別手配」か「フリープラン」。石垣島は乗り継ぎだけにして、離島をメインにまわるなら個別手配を。石垣島を拠点にして、日帰りで離島に足をのばす予定なら旅行会社のフリープランが割安。	ロングステイが可能で気ままに離島を渡り歩きたい人は「個別手配」。往復の航空券は事前購入割引などで自分で手配し、離島の民宿も電話やインターネットで予約する。現地では交通手段を選びつつ移動する。	美しい場所でのんびりしたいなら「フリープラン」で、泊まりたいホテルを選択。リゾートホテルの場合、個別で予約するとかなり割高になる。マリンアクティビティの利用券などもオプショナルとして安く手配できる。	無駄な時間と手間をいっさい省き、効率よく観光したいなら、添乗員付きパッケージツアー。宮古島を含めた「6島めぐり3日間」「8島めぐり4日間」などが販売されている。八重山諸島はこのパックツアーが多い。
↓	↓	↓	↓
個別手配 (p.25) or フリープラン (p.29)	個別手配 (p.25)	フリープラン (p.29)	添乗員付きのパッケージツアー

個別手配で旅の予約

日本で一番南にある八重山諸島へは、海外旅行よりも旅費がかさむこともある。そこで航空券をいかに安く購入するかが重要なポイントとなる。個別手配の方法はここから「航空券編」と「宿泊編」に分けてガイド。自分で旅を組み立てたい人は必読だ。

■航空券編

運賃の割引制度も多様化し、事前に予定が立てば安く行ける。

●運賃体系が変更された

大手2社の航空会社の航空券は、JALの大人普通運賃が搭乗日まで購入できるフレックスに、ANAの片道運賃、往復運賃がANA FLEXに変更されている。これは名称が変更されただけでなく空席連動型運賃で、搭乗日の空席状況に応じて運賃額が変動する。また、割引チケットもJALで特便割引、先得割引が、搭乗1日前まで購入できるセイバー、搭乗28日前まで購入できるスペシャルセイバーになっている。ANAの特割、旅割は、それぞれANAバリュー、ANAスーパーバリュー名称に変更されている。

それぞれの割引には条件や制限があるので、登場する日にちや時間帯、予約する時期などとともに自分に合ったチケットを探そう。石垣までの直行便がない空港からは、那覇まで行って石垣への便に乗り継ぐのが一般的だが、割引の種類や条件は同じだ。

航空会社予約電話

日本航空(JAL)・日本トランスオーシャン航空(JTA)・琉球エアーコミューター(RAC)
♪0570-025-071
https://www.jal.co.jp/
全日空(ANA)
♪0570-029-222
https://www.ana.co.jp/
スカイマーク(SKY)
♪050-3786-0283
https://www.skymark.co.jp/
ピーチ(peach)
♪0570-001-292
https://www.flypeach.com/
ジェットスター(JJP)
♪0570-550-538
https://www.jetstar.com/
ソラシドエア(SNJ)
♪0570-037-283
https://www.solaseedair.jp/

八重山の玄関口・石垣空港へのタイプ別おすすめ割引チケット
〈東京〜石垣　JAL　2023年4月の例〉

フレックス
6万6660円
〜7万3810円

▶**往復セイバー**
各運賃から5%オフ

▶**セイバー（3日前）**
5万2360円
〜5万8300円

▶**セイバー（21日前）**
4万6090円
〜5万3680円

▶**スペシャルセイバー（28日前）**
4万3120円
〜5万3680円

▶**スペシャルセイバー（45日前）**
3万6190円
〜4万5210円

▶**スペシャルセイバー（75日前）**
2万4860円
〜3万2890円

当日突然、思い立って旅行に出かける人は

【往復割引】→【フレックス】
搭乗日当日に購入できる航空券はフレックスのみで、普通席でもタイプにより、通常期とピーク期で設定運賃が異なる。下記の往復セイバーと組み合わせることで、割引を受けることができる。

【往復割引】→【往復セイバー】
往復セイバーとして、対象運賃が拡大された。フレックス、セイバー、スペシャルセイバーを組み合わせた往復の運賃額からさらに5% OFFとなる。予約の変更はできない。

予約が早ければ早いほど、割引される額が大きくなる

【特便割引】→【セイバー】
搭乗1日前まで購入できるが、1日前、3日前、7日前、21日前までで、それぞれ運賃額が異なり、それぞれ通常期とピーク時で、運賃の最低額と最高額が異なる。

【先特割引、スーパー先特、ウルトラ先特】→【スペシャルセイバー】
セイバーより前に購入するスペシャルセイバーも、28日前、45日前、55日前、75日前で運賃が異なる。それぞれ通常期とピーク時で、運賃の最低額と最高額が異なる。

上記の運賃には、羽田空港旅客施設利用料大人370円を含みません。取消の場合、取消手数料のほか規定の払い戻し手数料がかかります

●那覇で乗り継ぐ場合の注意

　JALからJTAなど、同系列の会社の場合、最低でも20分の乗り継ぎ時間が必要。他社便へ乗り継ぐ場合は30分はみておこう。SKYはANAと同じウイングに搭乗口があるが、預けた荷物がある場合は一旦到着ロビーで受け取ってから他社便へ再搭乗となる。peachは専用シャトルバス（国内線ターミナルから出発時刻2時間前から約10分間隔で運行）で10分ほど離れたLCCターミナルでの発着となるので、かなりの時間をみておいた方がいい。

●ホームページ「国内線エアードットコム」はJAL、ANAの料金比較や空席情報検索、予約、購入ができる。
https://www.kokunaisen-air.com

航空路〈本土から・那覇、宮古から〉

●本土から石垣へ

出発地	運航会社	1日の便数	所要(下り)	所要(上り)	フレックス	セイバーまたはバリュー	スペシャルセイバーまたはスーパーバリュー
東京(羽田)	JTA/ANA	4	2:50	2:55	70,270	63,950～	26,220～
名古屋(中部)	ANA	1	2:35	2:35	62,640	56,650～	21,010～
名古屋(中部)	peach	1	2:40	2:40	8,370 *1		
大阪(伊丹・関西)	ANA	2	2:25	2:25	58,140	53,360～	15,850～
大阪(関西)	peach	2	2:25	2:25	8,370 *1		

●本土から那覇へ

出発地	運航会社	1日の便数	所要(下り)	所要(上り)	フレックス	セイバーまたはバリュー	スペシャルセイバーまたはスーパーバリュー
札幌(新千歳)	peach	1	3:35	3:35	12,240		
仙台	ANA	1	3:00	3:00	61,930	55,130～	24,530～
茨城	SKY	1	2:55	2:35	13,540		
東京(羽田)	ANA/JAL	16	2:35	2:35	50,610	42,770～	15,680～
東京(羽田)	SKY	1	2:35		12,510		
東京(羽田)	SNJ	1	2:45		14,910		
東京(成田)	JJP	1	3:05	2:35	7,710 *1		
東京(成田)	peach	1	3:00		7,710 *1		
静岡	ANA	1	2:25		49,380	43,780～	18,680～
小松	JTA	1	2:20				16,080～
名古屋(中部)	JTA/ANA	1	2:20		23,310	21,160～	9,170～
名古屋(中部)	peach	2	2:20		8,810 *1		
名古屋(中部)	JJP	1	2:15		8,100 *1		
名古屋(中部)	SKY	1	2:10		10,980		
名古屋(中部)	SNA	1	2:20		12,680		
大阪(関西)	ANA/SFJ/JAL	12	2:00		28,610	18,300～	10,050～
大阪(伊丹)	ANA/JAL	6	2:05	2:05	28,510	18,730～	9,950～
大阪(関西)	peach	6	2:15	2:10	7,790 *1		
大阪(関西)	JJP	4	2:20	2:30	7,160 *1		
神戸	ANA	3	2:05	2:05	42,440	3,010～	15,090～
神戸	SNA	3	2:05	2:05	5,740 *1		
神戸	SKY	5	2:05		7,140 *1		
岡山	JTA	3	2:10	1:50	31,480		
広島	ANA	1	1:55	1:50	39,140	35,040～	17,940～
高松	ANA	1	2:00	1:55	41,140	36,940～	15,540～
松山	ANA	1	1:45	1:50	37,940	34,240～	14,340～
福岡	ANA	9	1:40	1:50	34,450	27,960～	11,790～
福岡	peach	4 *2	1:50	1:50	6,480 *1		
福岡	SNA	1	1:40	1:40	5,950 *1		
福岡	SKY	2	1:40	1:40	5,950 *1		
熊本	ANA	1	1:35	1:30	33,640	30,040～	13,240～
宮崎	ANA	1	1:35	1:25	33,940	30,040～	19,740～
鹿児島	ANA	2	1:35	1:30	31,640	27,940～	18,840～
鹿児島	SNA	2	1:35	1:30	16,040 *1		

●那覇から八重山諸島へ

出発地	運航会社	1日の便数	所要(下り)	所要(上り)	フレックス	セイバーまたはバリュー	スペシャルセイバーまたはスーパーバリュー
石垣	ANA	6	1:00	1:00	27,340	16,740～	5,960～
石垣	JTA	7	1:00	1:00	25,800	12,500～	8,930～
石垣	SNA	2	1:00	1:00	4,740 *1		
与那国	RAC	2	1:20	1:20	24,660	17,895	17,125

●宮古島から石垣へ

出発地	運航会社	1日の便数	所要(下り)	所要(上り)	フレックス	セイバーまたはバリュー	スペシャルセイバーまたはスーパーバリュー
石垣	RAC	3	0:30	0:30	10,560	7,205～	6,875～

上記のデータは20223年4月に7月の平日の料金を調査したもの。普通運賃は通常期の運賃を、便数は下り便を記載しています。所要時間は天候や気流の関係で変わるため、目安としてご利用ください。
*1：便や運賃タイプによって料金が変動するため、最低料金のみ記載。　*2：日程によって便数に変動の可能性あり。
※SNJ（ソラシドエア）はANAとの共同運航便として便数に含んでいます。

安く航空券を購入する方法

少しでも安く航空券を手に入れるには、面倒がらずに自分であれこれチャレンジしてみるのが大切。

●その1　LCC（格安航空会社）もチェック

石垣便を就航しているのはピーチで、関空、中部、成田から。那覇へは茨城からスカイマークが、羽田からスカイマークとソラシドエアが、成田からピーチとジェットスターが、中部からピーチ、スカイマーク、ジェットスター、ソラシドエアが、関空からピーチとジェットスターが、神戸からスカイマークとソラシドエアがそれぞれ就航している。

●その2　早めに予定を立てる

個別手配で準備をしてチケットを購入するなら、一日も早く予定を立てよう。国内便は搭乗28日前を過ぎると運賃はぐんと高くなるので、それ以降は旅行会社のフリープランを当たるといい。

また、発売開始直後でも割引の座席が満席の場合、諦めずに予約期間の間に再度アクセスしてみよう。割引率の高い航空券は予約日を含めて3日以内が購入期限なので、購入前にキャンセルされて空きが出る可能性もある。

●その3　マイレージ利用の人と一緒に安く行く

マイレージサービスの特典航空券利用者を含む2〜4名のグループで、同一便に搭乗、同一路線を往復する場合に、安い料金で利用できるサービスがある。予約・購入はホームページから。

●その4　株主優待券を使う

航空会社の株主優待券を利用すると普通運賃が50％引きになる。ANAの株主優待券の場合は金券ショップなどでも入手でき、相場は3000円から7000円程度（変動する）。例えば、東京から那覇まで4万8310円は50％引きの2万4525円（羽田空港使用料370円含む）。株主優待券が1枚5000円だとすると合計しても2万9525円となる。普通運賃と同じ扱いなので、当日まで予約ができるうえに、航空券購入後の予約変更も可能。

●スカイマークは、搭乗3日前まで予約可能で便ごとの空席予測数に応じて運賃額が変動する割引運賃いま得や、ご搭乗前日まで予約可能で便ごとの空席予測数に応じて運賃額が変動する便変更可能な割引運賃たす得、期間・路線限定のお得なキャンペーン運賃地域スペシャルなどの割引がある（2023年4月現在）。

●席数、予約期間、利用期間に制限があるので注意。

旅のプランニング

台風で飛行機が欠航した場合どうなる？

基本的には飛行機の運航が可能になり次第、ほかの便と振り替えてくれる。

●個人チケットの場合、搭乗予定の航空会社カウンターで「特別空席待ち整理券」を受け取る。欠航だとわかったら空港のカウンターで手続きが必要になる。整理券は連続した番号で、台風の影響がなくなるまで発行してくれる。飛行機が運航し始めたら、整理券の番号が呼ばれるので搭乗手続きを

する。台風による混乱を早めに終わらせるために臨時便を運航することがあるので、常に空港のアナウンスに注意しよう。

●団体チケットの場合、パッケージツアーに添乗員が同行しているときは、添乗員の指示に従う。フリープランなど添乗員がいない場合、空港内に設置されている主催旅行会社のカウンターで指示を受け、航空券か「搭乗券引換証」を受け取る。

■宿泊編

　宿泊施設の当たりはずれで、旅の印象ががらりと変わってしまうもの。自分の目的、予算に合った宿を探そう。また、トラブルを避けるため、予約の内容はしっかり確認しよう。

●リゾートホテルは個別予約の場合、割高に

　リゾートホテルやシティホテルに宿泊するなら、個別に電話で予約をするより、旅行会社のフリープランで申し込むほうが断然リーズナブル。なかには、ホテルだけでも申し込めるプランもある。このほか、各航空会社では航空券の予約と同時に、加盟ホテルの予約ができるサービスを実施している。宿泊料金も直接電話で予約するよりいくらか安くなる。どちらの場合も、季節によって料金が異なる場合が多い。石垣島の市街地に点在する中小のビジネスホテルは、年間を通じて、ほとんどが同じ料金。簡単な朝食がサービスとして出されるところが多い。

●民宿は自分で予約を

　民宿の場合、旅行会社の協定に指定されているところが少ないため、自分で予約することになる。料金は素泊まり3000円が相場というところ。空港や港までの送迎の有無、冷房が自由に使えるかどうかも、事前に確認したほうがいい。仮に宿泊代が3000円だとしても、空港からのバスやタクシー代、コインクーラー代（夏場）が別にかかるとしたら、送迎付き、クーラー込みで5000円のほうが安いこともある。また、離島では、2食付き、3食付きが基本となる宿もある。食事を付けない場合は、周辺に食事処や商店があるかどうか聞いてみよう。

●インターネットで予約

　インターネットで宿泊を予約できるサイトは多々あって、安い料金で泊まれる場合もある。画面に従って日程、宿泊人数、場所、予算などの条件を入力すると、その時点で空室のあるホテルが一覧できるので、比較検討したうえで予約ができるようになっている。また、個々のホテルや民宿でも宿泊施設が運営する公式サイトなどで予約した場合のみ、割引料金が適用されることもある。

シティ・ビジネスホテルが選べるほどあるのは石垣島くらい

民宿はコインランドリー付きのところが多く、長期滞在もできる

●当日の宿を探すには、本土の観光地のように駅前に案内所があるわけではないので、自分で電話して予約するしかない。

●ゴールデンウィークやお盆の時期などのピークシーズンはもちろんのこと、島のお祭りやイベント、旧正月などに重なると、宿がとりづらくなるので、早めに予約を。

八重山の宿探しに要チェックのホームページ

●楽天トラベル
http://travel.rakuten.co.jp/
●じゃらん
http://www.jalan.net/
●おきなわの宿泊施設ガイド
http://www.oah-net.or.jp/
●トリップアドバイザー
http://www.tripadvisor.jp/

楽天トラベル
　最大手の宿泊予約サイト。ホテル・旅館・ゲストハウスなどの予約ができ、口コミ投稿も豊富。

じゃらん
　ユーザーが選んだ口コミ、売れ筋宿ランキングがある。口コミ件数が15軒以上の宿が対象。

おきなわの宿泊施設ガイド
　沖縄県ホテル旅館環境衛生同業組合のサイト。地元のコアなイベント情報なども豊富。

フリープラン型ツアーで旅の予約

旅行会社が主催するパックツアーのひとつだが、基本的には往復の足とホテルがセットされたもので、「ホテルパック」ともいう。添乗員は付かず、リーズナブルに自由旅行ができるのが魅力。ただし、八重山諸島には旅行会社と提携するような中〜大規模ホテルの数が限られていて、そのほとんどが石垣島に集中する。

●フリープランを利用する際の注意

フリープラン型ツアーを利用する場合、航空券とホテルの手配はもちろん、オプショナルプランとしてレンタカーや現地の体験ツアーなども合わせて申し込みできるところも便利だ。

ただし、季節や曜日などによって、細かく設定を変えているため、1日ずらすと数千円単位で料金が変動することもある。また、基本料金が安いと思って飛びついてみると、石垣への到着時刻が遅いフライトで、現地での滞在時間が短いなどということもある。希望の到着時間や、ホテルの部屋のグレードへ変更をしていけば、差額が必要となることも知っておこう。なお、ツアーの場合、一般的には10日前までに申し込みを締め切ることが多く、キャンセル料金も3週間前あたりからかかってくる。

［旅行代金の計算方法の一例］

基本旅行代金
往復の航空運賃と指定ホテルの宿泊代金

＋

日程や便などの追加料金
日程やフライトにより追加料金がある場合は加算する

＋

延泊代金
基本日程より長く滞在する場合延泊代金を加算する

＋

オプショナルプラン代金
レンタカーなどオプション利用の場合はそれを加算する

＝

旅行代金総合計

同じツアーでもこんなところに差が…

▼東京（羽田）発→石垣 2泊3日の旅行プランの例
旅行代金 7万300円（2名で旅行時のひとり当たりの料金）
【出発日】2023年10月25日（日）から2泊3日
【人　数】2名
【宿泊先】アートホテル石垣島（2名1室スタンダードツイン利用）
【航空便】羽田空港発着（往復とも直行便）
　　　　※往路6:35出発便、復路10:50出発便

▼上記と同じツアーでも、条件を変えると次のような差額が発生

出発日	11月3日（金）出発	＋11万6600円
	11月23日（木）出発	＋6万2710円
乗継便利用	11月3日（金）出発で復路那覇空港乗継便	＋2万2100円
	11月23日（木）出発で往路那覇空港乗継便	＋1万500円

JALダイナミックパッケージ4月調査

地元沖縄の旅行会社

沖縄専門の旅行会社はもともと、本土で生活する沖縄出身の人が少しでも安く帰れるように、との目的でつくられた。宿泊、レンタカーなど、現地の事情に詳しく的確にアドバイスしてくれる。また、大手旅行会社の多くが沖縄専門デスクやサイトを開設している。
▼沖縄ツーリスト
☎050-5533-0978（東京）
▼沖縄航空券Web
☎03-6809-6033

旅のプランニング

石垣島から八重山の島じまへのアクセス

いくつもの島じまからなる八重山諸島。自然や景観、文化など、
それぞれ違った魅力を持っていて、いろいろな島を短時間で渡り歩けるのが魅力。
ほとんどの島へは石垣港離島ターミナルから船でアプローチする。
与那国島へは那覇からも航空便が出ている。

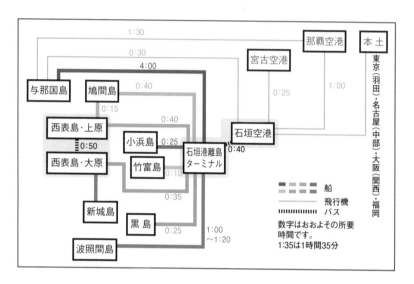

石垣島からのアクセス

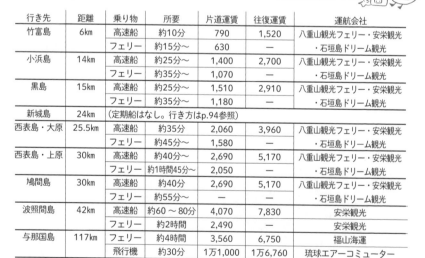

行き先	距離	乗り物	所要	片道運賃	往復運賃	運航会社
竹富島	6km	高速船	約10分	790	1,520	八重山観光フェリー・安栄観光
		フェリー	約15分〜	630	—	・石垣島ドリーム観光
小浜島	14km	高速船	約25分〜	1,400	2,700	八重山観光フェリー・安栄観光
		フェリー	約35分〜	1,070	—	・石垣島ドリーム観光
黒島	15km	高速船	約25分〜	1,510	2,910	八重山観光フェリー・安栄観光
		フェリー	約35分〜	1,180	—	・石垣島ドリーム観光
新城島	24km	（定期船はなし。行き方はp.94参照）				
西表島・大原	25.5km	高速船	約35分	2,060	3,960	八重山観光フェリー・安栄観光
		フェリー	約45分〜	1,580	—	・石垣島ドリーム観光
西表島・上原	30km	高速船	約40分	2,690	5,170	八重山観光フェリー・安栄観光
		フェリー	約1時間45分〜	2,050	—	・石垣島ドリーム観光
鳩間島	30km	高速船	約40分	2,690	5,170	八重山観光フェリー・安栄観光
		フェリー	約55分〜	—	—	・石垣島ドリーム観光
波照間島	42km	高速船	約60〜80分	4,070	7,830	安栄観光
		フェリー	約2時間	2,490	—	安栄観光
与那国島	117km	フェリー	約4時間	3,560	6,750	福山海運
		飛行機	約30分	1万1,000	1万6,760	琉球エアーコミューター

上記データは2023年4月現在。船の運賃には燃料油価格調整金が含まれています。
航空運賃は通常期のもの。問い合わせ先はp.22を参照。

●交通の主役は船！　サンゴ礁の波間を高速で飛ばす

八重山諸島の交通の拠点は石垣島。なかでも船便は、基本的にすべて石垣港離島ターミナルで発着。西表島や小浜島への高速船の中には、行き、または帰りに他の島を経由する便もわずかにあるが、基本的には石垣島以外の離島どうしをダイレクトに結ぶ便はなく、いったん石垣島に戻ってこなければならない。

船には、人がメインの高速船と、荷物を運ぶための貨客船（フェリー）がある。スピードの速い高速船がフェリーより料金は割高。フェリーはクルマやバイクを航送するときには便利だが、週に数便しかない航路もあるので、短期間の旅行には不向きだ。

●石垣港離島ターミナル

離島航路の発着拠点である石垣港離島ターミナルは石垣空港からバスやタクシーで約40分のところにある。冷房完備の室内に待合いロビーがあり、雨天でも炎天でも快適に船を待つことができる。ターミナル内には、八重山観光フェリー、安栄観光、石垣島ドリーム観光の各船会社の乗船券売場があるほか、各離島への日帰りツアーを企画する平田観光、西表島観光センターなどのカウンターが並ぶ。

コインロッカーや各船会社には手荷物預かり所（大500円、小300円）があるので、日帰りで島を訪ねるなら、大きな荷物はここへ預けておくと便利。ほかに、みやげやお弁当を扱う店、そばなどの軽食が食べられるコーナーも併設している。星ノ海プラネタリウム（1200円 10:30〜18:00　火・水休館）は9mのドームに46席（ペアシートを含む）を持つ傾斜型投映式プラネタリウム。

なお、与那国行き、波照間行きのフェリー乗り場は、対岸にあって、離島ターミナルからは徒歩10分くらい。

●貨客船は、各船会社によって所要時間が異なる。乗り場は、石垣島ドリーム観光は離島ターミナルだが、八重山観光フェリーと安栄観光は、ホテルイーストチャイナシーの前にある。

●離島ターミナルには有料駐車場が隣接する。1時間100円、夜間は1時間50円。

広々としているロビー

旅行会社のカウンター

旅のプランニング

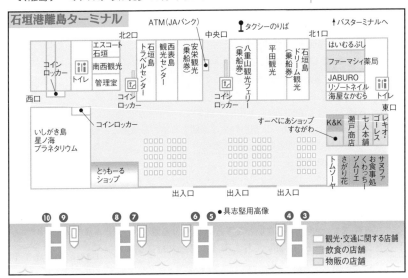

石垣港離島ターミナル

ATM（JAバンク）　中央口　↑タクシーのりば　北1口　↑バスターミナルへ

北2口

エスコート石垣　石垣島トラベルセンター　西表島観光センター　安栄観光（乗船券）　八重山観光フェリー（乗船券）　平田観光　石垣島ドリーム観光（乗船券）　はいむるぶし　ファーマシィ薬局　JABURO　リゾートネイル　海屋なかむら　トイレ

コインロッカー　トイレ　南西観光　管理室

西口

コインロッカー　コインロッカー

コインロッカー

いしがき島星ノ海プラネタリウム

とぅもーるショップ

すーべにあショップすながわ

K&K　瀬戸商店　七人本舗　レキオ・ゴーレス

トムソーヤ　さがり花　くわっちー　ソムリエ　お食事処　サヌファ

東口

出入口　出入口　出入口

●具志堅用高像

⑩ ⑨　⑧ ⑦　⑥ ⑤　④ ③

□ 観光・交通に関する店舗
■ 飲食の店舗
■ 物販の店舗

【高速船のりば】❸❹八重山観光フェリー、安栄観光（竹富、小浜、西表大原）、❺❻同（西表上原、鳩間）、❻同（波照間、黒島）、❼❽石垣島ドリーム観光

●乗船券の購入

定期便の高速船は、個人で利用する場合は、基本的に事前予約は不要。目的の島へ高速船を出している船会社の窓口で、乗船する便の時間を申し出て、乗船券を購入する。その際、往復割引で買う方が、片道あたりの運賃は安くなる。復路の利用には有効期限はなく、日にちも時間もオープン。帰りの乗船手続きは不要で、復路の乗船券を持って希望の時間の高速船に乗り込めばいい。なお、八重山観光フェリーと安栄観光は互いに振替乗船が可能。同一航路ならどちらの船にも乗れる。

波照間島、与那国島へのフェリーの往復乗船券は、有効期間が2週間となっている。

与那国行き RAC のプロペラ機

●事前に予約しておきたい与那国への航空便

石垣から与那国への航空便は1日3便ある。人々の生活路線であることに加えて、ダイビングなどで人気の高い島なので、満席になることも少なくない。旅行前のプランニングの段階で、早めに予約を入れたい。往復割引や特便割引などの対象路線となっている。

POINT

島内の交通手段

レンタカー　気分次第で自由自在に動けるのが強み

[レンタカーのある島]
石垣島、小浜島、黒島、西表島、与那国島
[料金の目安]6時間4000円ぐらい〜、24時間6000円ぐらい〜

●石垣島の場合

石垣島には20店以上ある。市街地にある宿泊施設や空港までは、ほとんどの会社が無料で送迎してくれる。個人で手配する場合でも出発前に予約をしたほうがベター。とくに正月や春休み、ゴールデンウィークは混み合うので、なるべく早めに予約を入れたい。インターネット事前予約での割引きがあるところもあるので、比較検討するといい。

また、各航空会社では航空券と一緒にレンタカーの予約ができるサービスもある。レンタカーに割引料金が適用されているうえ、マイレージ会員ならマイルも貯まるので、かなりお得だ。

●石垣島以外の離島の場合

小規模の経営も多い。車種の指定ができなかったり、メンテナンスが良くなかったりすることもある。予約は早めにするのが鉄則。離島では台数が限られているので、当日では、満車となり断られることもある。また、予約ができないところもある。借りる際、ガソリンをどこで入れられるかも聞いておこう。島によってはスタンドが数軒しかない。

●インターネットで事前予約した場合や簡単な手続きでメンバーズカードを発行してくれて、提示すれば30〜50％割引になる会社などもある。

空港に隣接する複合レンタカー施設

交通各社の問い合わせ先は、各島のガイドページ、およびp.22に掲載（一部のみ）

路線バス　　　生活に密着する庶民のアシ

[路線バスのある島]石垣島、西表島、与那国島
[料金の目安]1区間130円ぐらい～※西表島の場合

　生活路線だが、便によっては数が少なく周遊するには不向き。バスを待つ際には時間に余裕を持とう。予定の通過時刻よりも早めに来ることがある。バス停ではタクシーのように手を挙げて合図をしないと、停まらないので注意。石垣島では運賃の支払い方が難しい。バスターミナルから下り線に乗るときは「後払い」、帰りの便は「先払い」となる。わからなくなったら運転手に聞いてみよう。

　竹富島には、港と集落を結ぶ循環バスがある（要予約、p.71参照）。そのほかの島では、船会社が乗船客へのサービスとして運行する送迎バスを利用できる場合がある。

石垣島の白保線。冷房が効きすぎていることもある

タクシー　　　人数が揃えば貸し切り観光も

[タクシーのある島]石垣島、竹富島、小浜島、西表島、与那国島
[料金の目安]／初乗り470円（以後341mごとに60円）※石垣島・西表島の場合

　石垣島の市街地では、空車がひんぱんに走っていて、すぐに拾うことができる。ホテルなどから呼んでも迎車代がかからない。市街地以外や離島では流して走っていないので、必要なときに電話で呼び出す。とくに西表島、与那国島ではタクシーの台数が少ないので、混んでいる時期は出はらってしまうこともある。また、どの島にも観光タクシーのモデルコースが設定されている。地元に詳しい運転手のガイド付きだから心強い。人数が集まればおすすめだ。

石垣島の離島ターミナル前のタクシー乗り場。船を降りてすぐに乗車できる

旅のプランニング

レンタサイクル&バイク　　　潮風を感じながら心地よく走る

[レンタサイクル&バイクのある島]
石垣島、竹富島、小浜島、黒島、西表島、鳩間島、波照間島、与那国島
[料金の目安]レンタサイクル1日1000円、レンタバイク1日2000円～

　小回りがきき駐車場の心配もない。車より行動範囲が狭まるかもしれないが、花の香りや鳥の声など、五感を重んじた旅ができる。予約はほとんどの場合必要なく、その場で申し込む。

竹富島では自転車は観光に欠かせない。白砂の道は意外と走りづらい

水牛車　　　島にぴったりな超スローモーな乗り物

[水牛車のある島]竹富島、由布島
[料金の目安]竹富島3000円、由布島2000円（入園料込み）

　八重山では昭和初期の頃から、働き者の水牛を農耕や運搬に使っていた。つい最近まで竹富島ではゴミ収集車としても活躍していたが、今では島内観光に専従。西表島では由布島までの干潟を人を乗せて運び、風物詩となっている。

立派な乗り物のひとつ

33

南ぬ島 石垣空港

ぱいぬしまいしがきくうこう / 地図 p.47-D

　2013年の開港以来、国際線も導入されてますます便利になった。八重山に来たということを到着と同時に感じてもらうため、八重山の植栽や伝統文化や地域情報を感じられる祭りの道具を配置してある。自慢はガラスを多用していることで、2階にある

休憩所は大きめのソファを配置、時間帯によっては自然光がさしこみ、ガラス越しには海も望める。見やすい店舗エリアは菓子からアパレルまで種類豊富だ。

外壁は琉球石灰岩を使用　　島内の陶芸家による陶板

うっかり買い忘れ、食べ忘れても問題なし！

八重山みんさー
あざみ屋

　八重山みんさー織の織元が運営。石垣島の自然や植物をモチーフに織り上げた色鮮やかなバッグや小物、衣類が豊富に揃う。

☎ 0980-87-0397
🕐 7:30～20:00　休 無休

パッケージも GOOD
マルシェ

　伝統菓子の老舗、宮城製菓の洋菓子部門。焼きショコラ石垣の塩ちんすこう 540円～などが人気。

☎ 0980-87-0349
🕐 7:30～20:00　休 無休

離島色、満載
竹富町 与那国町
島土産

　離島の厳選された商品がお菓子、Tシャツからコスメまで。手作り石鹸480円～、Tシャツ2650円～、かりんとう660円～。

☎ 0980-87-0348
🕐 7:30～20:00　休 無休

島の玄関口で石垣牛
SKY CAFE
いしなぎ屋

　市街地にある人気の石垣牛専門店の支店。スペシャルメニュー和牛スタミナ丼1000円。石垣牛ハンバーグ定食1500円。

☎ 0980-87-0438
🕐 9:00～20:00　休 無休

TEKU TEKU COLUMN

便利なバスで空港から離島ターミナルへ！

　石垣空港から市街地までは、レンタカーやタクシーも便利だが、空港に着いてから石垣島以外の周辺離島へそのまま渡りたいという人には、バス利用もおすすめ。空港から市街中心部（石垣港離島ターミナル周辺）へは2社のバスが運行している（2023年4月現在）。

　ひとつは、東運輸が運営する路線バス（P.40参照）で、白保や宮良など途中の集落や商業施設などを経て、市街中心部のバス

離島ターミナルに近い
東運輸バスターミナル

カリー観光のバスは
空港と港を直結

ターミナル（離島ターミナルへは徒歩2分）まで片道540円で結んでいる。

　もうひとつは、空港からノンストップ（所要約30分）で離島ターミナルへ片道500円でアクセスできるカリー観光の直行バス。大きな荷物もトランクで預かってくれるので安心だ。

島めぐりの旅を組み立ててみよう

いくつかの島をめぐるなら、遠く離れた島から先に行く計画を立てるのが鉄則。
洋上の天気は急変することもあり、海が荒れると島へ渡れなくなる可能性もあるからだ。
帰る前日は石垣島に泊まるのが無難。また、高速船での移動や乗り継ぎには
想像以上に時間のロスがあるので、欲張らずにプランを立てよう。

［プランニングの一例］

のんびり派の3泊4日
《竹富島を中心に紹介》

1日目 竹富泊

昼 石垣空港着
高速船で竹富へ。民宿に荷物を置いて、
レンタサイクルで島内散策

夜 宿で一緒になったお客さんたちと、
星やオオコウモリを見に行く

POINT 4日間だと石垣＋1島がベスト。石垣通
過で2島でもいい。2〜3島めぐるのも
可能だが、慌ただしくなる。

2日目 竹富泊

午前 コンドイビーチで水遊びする

昼 昼寝のあと西桟橋へ夕日を見に行く

夜 宿の庭先で、宿の主人たちと遅くまで
泡盛と三線で盛り上がる

POINT のんびりするには、同じ島に2泊以上したい。

3日目 石垣泊

朝 朝食後、集落を散歩

昼 高速船で石垣へ。公設市場周辺を歩き、
おみやげを選ぶ

夜 最後の夜なので、民謡酒場へ繰り出す。
町なかのホテル泊

4日目

朝 朝食後、今日の行動を考える

昼 レンタカーを時間借りして白保へ。
グラスボートに乗る

夕 石垣空港発

POINT その日の天気を見て予定を決めるのも
のんびり派の賢い方法。石垣島で最終
日を過ごすなら川平か白保あたりにし
て、余裕をもって空港へ。

※石垣と西表以外の島はだいたい半日あれば主な見
どころを見て回れる。

アクティブ派の3泊4日
《西表島・石垣島を中心に紹介》

1日目 西表泊

昼 石垣空港着、高速船で西表島へ。
レンタカーで島内をまわり、
浦内川などを観光

夜 翌日に備えて早めに床につく

POINT ネイチャーアクティビティが豊富な西
表島はできれば連泊したい。

2日目 石垣泊

朝 朝からピナイサーラの滝への
カヌーツアーに参加

夕 最終の高速船で石垣に戻り、ホテルへ

POINT ネイチャーツアーに参加すれば初めて
でも安心。石垣から日帰りで参加でき
るものも多い。

3日目 石垣泊

朝 午後まで周辺の海で体験ダイビング

夜 ダイビングで一緒だった人たちと
市街地のバーで最後の夜を楽しむ

POINT ダイビングをするなら飛行機に乗る前
日までに！ 気圧が体に悪影響をおよ
ぼす可能性がある。

4日目

朝 高速船で竹富へ

昼 レンタサイクルで竹富島をまわる。
石垣に戻り、タクシーで石垣空港へ
直行し帰途につく

POINT 竹富島は半日過ごすのにちょうどい
い。空港のみやげ店では果物や肉類な
ども揃う。忙しい旅ならここで揃える
のもあり。

※カヌーやダイビングは慣れるまで体力を消耗する。
夜はしっかり休もう。

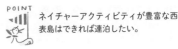

八重山を快適に旅するために

日本の最南端にある八重山諸島。気候が内地とは違うのはもちろん、ハブなどの沖縄独特の生きものもいる。快適に旅するために留意しておきたいことをここで紹介。

●いつがベストシーズンか

南の島には暑い夏に行くのが一番だが、八重山の7、8月は太平洋高気圧に支配されて、暑さは格別。じりじりと太陽が照りつけ、連日、真夏日と熱帯夜が続く。意外と狙い目なのが6月。八重山では海開きが3月に開かれるように、7、8月だけが夏ではなく、その前後もしっかり泳げるのだ。例年、梅雨が早い（5月上旬〜6月中旬）ので、明けてすぐの6月中旬頃は天候が安定していて、台風の上陸も少ない。航空券も夏休みに比べると安く購入できる。9月も台風さえ遭わなければカラッとしていていい季節だ。

10月上旬くらいになると北東の季節風が吹きだし、肌寒くなる。もっとも気温が低いのは1月だが、最低気温が10度以下になる日はほとんどない。小雨が降りがちの天候が続くが、内地と気温差が大きいこの頃に行けば、「暖かな冬」を実感できるだろう。

お天気情報

沖縄気象台天気相談所では、今日、明日、明後日の3日間短期予報から、1週間、1カ月、暖候期、寒候期などの予報を教えてくれる。
☎098-833-4283（9:00〜17:00）、土・日曜・祝日休

●八重山諸島は台風銀座

沖縄、とくに宮古・八重山諸島は台風銀座といわれている。台風は年間で平均27個が発生して、そのうち沖縄県に接近するのは7.6個。8月がもっとも多く、7〜10月までの4カ月間に、年間の70％以上が発生している。10月中旬になって、台風の目が石垣島を通過したこともある。台風時には飛行機はもちろん、離島を結ぶ高速船やフェリーも欠航、暴風警報が出たら外に出られる状態ではなくなる。場合によっては停電することもあるのだ。

台風が予測される時は、宿泊先で台風の動き、飛行機や船の欠航情報などのアドバイスを求めよう。もし旅行を続ける場合には、宿泊先の手配や食糧などの買い出しなど、早めに済ませておいたほうがいい。ホテルや民宿などには台風料金を設定しているところもある。また、台風が去って空が晴れてきてもすぐに行動できるとは限らない。海に大きなうねりが残っていれば船は航海できないし、風が強ければ飛行機も飛ばないので安心できない。

台風情報

台風が予測されるときは石垣空港の到着ロビーのモニター画面で台風情報を提供している。飛行機欠航の場合についてはp.27参照。

台風後の様子。街路樹転倒をはじめ各地で被害があった。外を歩くのは危険だ

準備のときから楽しい旅が始まっている。もう一度、忘れ物がないかチェックしよう。

持って行くと便利なグッズ in SUMMER

●**つばの広い帽子**（強烈な日差しをカット。折り畳み式ならバッグにも入る）●**長袖シャツ**（首筋を日焼けから守ってくれるエリ付きが望ましい）●**大きめのスカーフorパレオ**（日よけ、風よけ、砂浜でのシートがわりに）●**日焼け止め**（SPF指数の高いものはきれいに塗らないとまだらになる）●**虫よけスプレー・かゆみどめ**（沖縄の蚊は大きくさされるとかゆい）●**サングラス**（まぶしすぎる直射日光をさえぎるには必需品）●**濡れてもいい運動靴**（岩場を歩くとき、サンダルでは足をとられてしまう）●**ビーチサンダル**（ぺらぺらな正統派ビーサンはしだいに足と一体化してくる）●**水中OKのインスタントカメラ**（潮風にさらされても砂がかかっても気にならない）●**懐中電灯**（夜、散歩するのに必要）

Tシャツの上に日焼け防止のための長袖

半そでTシャツ

短パンキュロット

歩きやすいサンダル

夏

フリース・パーカー

Gパン

ズック

春秋　　**冬**

●日焼けに注意！

　真夏の沖縄の直射日光は想像以上に強烈。炎天下で長時間の水泳や甲羅干しなどは、めまい、吐き気、頭痛、けいれんなど、熱中症の軽い症状から、突然意識を失ったり、高熱や発汗停止、血圧低下などの重い状態にもなりうる。もし皮膚に熱感や乾燥が感じられるときは、風通しのいい日陰で、体を水に濡らし風を送ること。水分の補給も忘れずに。日焼け止めを塗る際には足の裏側、首筋、耳たぶが意外と忘れやすい。時間を忘れて泳いでいるうちに、足の裏側が焼けてひぶくれになることもあるので注意。

●島にあらかじめ荷物を送る

　荷物を送って身軽に旅をしたいなら郵便局の「ゆうパック（郵便小包）」がいい。利用可能なサイズは、タテ、ヨコ、高さの合計の長さが170cm以内。最重量は30kgなので、普通の旅行なら十分だ。

　帰りは、空港から搭乗手続き時に各航空会社で扱っている宅配便（JAL手ぶらでおでかけサービス、ANA快速宅空便など）が便利。1個につき1050円（重さによっては超過料金が必要）。

●お金をおろす

　各島の郵便局にはATMやCDがあり、手数料がかかるが都市銀行など提携の銀行のカードも使える。離島に行くなら細かいお金も用意しよう。2万円なら1000円札20枚というように。

病院・診療所

県立八重山病院
♪0980-87-5557
竹富診療所
♪0980-85-2132
小浜診療所
♪0980-85-3247
黒島診療所
♪0980-85-4114
西表東部大原診療所
♪0980-85-5516
西表西部診療所
♪0980-85-6268
波照間診療所
♪0980-85-8402
与那国診療所
♪0980-87-2250

石垣島の八重山郵便局は日曜・祝日でも引き出せる

●島の民宿に泊まるときの心得

シーズンによっては知らない人と相部屋になる場合もあるので、予約の際に確認しよう。冷房が有料のところは、ほとんどがコインクーラーで、1時間100円が相場。基本的に浴衣やタオルなどは常備されていない。あまり快適さは求めずに利用するといい。家族経営のところが多いから、温かな雰囲気を味わえる。

掃除が行き届いているかは重要なポイント

●島でキャンプするには

キャンプに適した季節は、外で過ごすのが気持ちいい4～10月。安く長く旅をしたいという人はもちろん、そうでなくても旅の日程に何泊かキャンプを組み入れてみるのもおもしろい。

基本的には石垣島か西表島のキャンプ場でのみ可能。なお、残念ながら竹富島、小浜島、黒島、新城島、鳩間島、波照間島、与那国島ではキャンプは禁止されている。キャンプ用のガスカートリッジは機内持ち込みができないので石垣島で購入しよう。蚊取り線香などの虫よけ対策も忘れずに。

民宿のコインクーラー

●石垣島でキャンプ用のガスカートリッジが買えるところは、離島ターミナル近くの「中村つり具店」。値段は1本550円（小）。家庭用のカセットコンロを代用している人も多く、こちらのカートリッジはスーパー「サンエー」などで3本300円ぐらいで売っている。

●体験ダイビングの準備

器材はすべてショップで準備するが、留意したいのがコンタクトレンズ。水中では、気圧の関係でハードコンタクトは使用できないため、ソフトコンタクトを持参していこう。度付きのマスクを用意しているショップもあるが、度が合わない場合も多い。

●陸上の危険生物＆植物

ハブは沖縄において、もっとも恐れられている危険生物。八重山諸島で注意が必要なのはサキシマハブだ。薄い茶の地にこげ茶の斑紋があり、あごが張っていて頭が三角形なのが特徴。冬でも冬眠せず暖かい日には活動する。夜行性だから直射日光や高温に弱く、昼間は洞穴や茂みの影に潜んでいる。草むらや林に入るときは気をつけて。夜道では必ずライトを持って歩くこと。

最近では死亡例はほとんどないが、ハブの毒は筋肉や血管を壊す恐ろしい力を持っている。万が一、ハブに咬まれたら、大声で助けを呼ぶこと。お茶や水でうがいをしながら、何度も毒を吸い出す。このときあやまって飲み込んだとしても心配ない。そしてできるだけ早く病院へ。毒が早くまわるので、決して走ってはならない。

ほかに、湿地や雨の降ったあとに多く出てくるヤマビルも要注意。足元からつたって靴や洋服のなかに侵入し、血を吸う。山歩きをするときはサンダルやぞうりではなく、それなりの装備をしよう。植物ではクワズイモが危険。株全体が有毒で葉や茎を食べると嘔吐や下痢の症状があり、死亡する場合もある。

西表島の人家のすぐそばに現れたサキシマハブ

クワズイモの大きな葉

八重山の
島じま

石垣島

エリアの魅力

ネイチャー
★★★★
赤瓦
★
リゾート
★★★★

エリアデータ

標高
於茂登岳 526m
面積
222.54㎢
周囲
162.2km

人口
49,651人

サンゴ礁の海に浮かぶ
八重山諸島の主島

　沖縄本島から南西に約430km。温暖な気候に恵まれた八重山諸島の中心地。地形は変化に富み、県内最高峰である標高526mの於茂登岳の南側に平野が開け、北側には山を連ねた細長い半島が二重にのびている。離島ターミナルを中心とする市街地は日本最南端の繁華街で、ホテルや飲食店、ショッピングモールが集中する。

HINT

石垣島への行き方

　東京、名古屋、大阪（関西）、福岡（夏季のみ）から直行便が出ているほか、那覇から乗り継ぐ。p.26参照。

POINT

島内の交通 ［路線バス・タクシー・レンタカー・レンタバイク・レンタサイクル］

　観光スポットをめぐるならレンタカーかレンタバイクがベスト。バスは本数が少ないので時間に余裕のある人向きだ。公設市場や宮良殿内など市街地は徒歩で十分まわれる。

●バスを利用する

　島内にバス会社は2社あり、離島ターミナルから徒歩1分のとこ

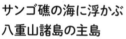

問い合わせ先

● 観光全般
石垣市観光交流協会
☎0980-82-2809
http://www.yaeyama.or.jp
石垣市観光文化課
☎0980-82-1535
http://www.city.ishigaki.
okinawa.jp
● バス
東運輸
☎0980-87-5423
カリー観光石垣営業所
☎0980-88-0177
● タクシー
八重山タクシー事業協同
組合
☎0980-82-4488

ろにバスターミナルがある東運輸は、島内各方面へ路線バスを運行。川平からヤシ林を経由する西回一周線、白保や伊野田を経由する東回一周線、平野線などの各路線が運行。本数が少ないので、目的をしぼって利用しよう。

　旅行者に便利なのは、空港から市街地中心部を結ぶバス。白保を経由して市街地を回る東運輸（2系統）のバスと、空港と離島ターミナルを直行で結ぶカリー観光のバスがある。また、川平方面へ行く川平リゾート線（1日6〜8本）、米原ヤシ林を経由して川平とを往復する米原キャンプ場線（1日2本）がある。

　さらに、バスターミナルから市街地の西側の新川方面と東側の石垣市役所・八重山病院をまわる八重山病院線（250円）が1日14便運行され、主に学校や病院、スーパー近くなど住民の生活ゾーンを網羅している。市街地に宿泊し、特に長期滞在する人に重宝されている。

バスターミナル窓口

空港線にはAir Portの文字

バスターミナルからの主な運賃

・空港540円（空港線）
・米原キャンプ場890円（米原キャンプ場線）
・川平730円（川平リゾート線）
・白保410円
・平野1300円

●路線バスの全路線で有効となる1日乗り放題で1000円というお得なパスもある。

定期観光バス

　感染症予防対策のため予約制で、前日17時申込締切。

【石垣島一周観光】
バスターミナル
9:30発
↓
桃林寺（車窓見学）
↓
唐人墓
↓
川平公園
※オプションでグラスボートに乗船できる。定期観光バス参加者は割引料金で乗船できる。
↓
昼食（ポーザーおばさんの食卓）
↓
米原ヤシ林
↓
玉取崎展望台
↓
宮良川のヒルギ林（車窓）
↓
バスターミナル
14:00着
¥4700円
（昼食付き）

石垣島

【おもなバス路線図】

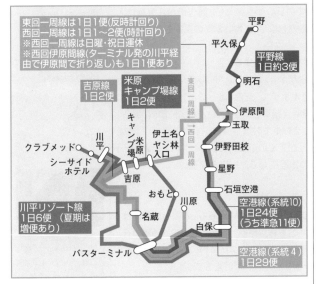

東回一周線は1日1便（反時計回り）
西回一周線は1日1〜2便（時計回り）
※西回一周線は日曜・祝日運休
※西回伊原間線（ターミナル発の川平経由で伊原間で折り返し）も1日1便あり

吉原線
1日2便

米原キャンプ場線
1日2便

平野線
1日約3便

川平リゾート線
1日6便（夏期は増便あり）

空港線（系統10）
1日24便
（うち準急11便）

空港線（系統4）
1日29便

平野
平久保
明石
伊原間
玉取
伊野田校
星野
石垣空港
白保
クラブメッド
シーサイドホテル
川平
キャンプ場
米原ヤシ林入口
伊土名
吉原
おもと
名蔵
川原
バスターミナル
東回一周線
西回一周線

●タクシーを利用する

　初乗り運賃は460円。市街地ではすぐに拾えるが、ホテルなどから呼び出しても迎車代がかからない。空港内の乗り場から離島ターミナルまで約3000円。島へ到着直後の空港から目的地へ向かう車内で、運転手さんのキャラクターが気に入れば観光スポットめぐりのガイドの交渉をしてみるのもいい。

※レンタカー・レンタバイク・レンタサイクルはp.42参照。

石垣島・過ごし方のヒント

POINT

島の南に位置する市街地を散策する、またはレンタカー・バイクで郊外の観光地をめぐるかで時間の使い方はさまざまだ。

丸1日以上　　レンタカーや定期観光バスで周遊

石垣島に宿泊し、じっくり時間がとれるならば、まずは一周ドライブへ。市街地をはずれると緑がいっそう濃くなり、サンゴ礁の海を見おろすビューポイントも点在する。

毎日出ている定期観光バスには、島唄の名手が三線片手に案内してくれる便もあり、地元の人にも人気。

半日　　川平湾か白保の海を見に行こう

どちらもバスかレンタカー、レンタバイクで半日あれば往復できる。川平湾ではグラスボートが楽しめる。白保には世界的に有名なサンゴ礁が広がり、サンゴめぐりの船も出ている。

2時間　　市街地をブラブラ歩き

公設市場やみやげ店での買い物も楽しい。商店街から裏道に入れば重要文化財の宮良殿内をはじめ、古い赤瓦の民家も見られる。

●レンタカー・レンタバイクを利用する

島一周ドライブは1日がかり。島内に大小20店以上のレンタカー会社があり、ほとんどがホテル、空港、港への無料送迎をしてくれる。レンタバイクや貸し自転車を扱うショップも市街地にある。ただし起伏があるので、自転車での遠出はおすすめできない。市街地周辺の散策なら小回りがきくので便利だ。バイクは1日2000円程度、自転車は1日1000円程度。p.32～33も参照。

●お金をおろす

離島ターミナルにはJAバンクのATMがある。八重山郵便局は、日曜・祝日でもCD、ATMとも利用可能。その近くにある沖縄銀行、琉球銀行の支店や、島内各所にあるコンビニ内のATM（イオン銀行）でも提携銀行のキャッシュカードが使える。

●マリンレジャー情報

石垣島はいわずと知れたダイビングのメッカ。ショップは市街地や川平に多い。コースを用意しているところから、希望のポイントに連れて行ってくれるところまで多種ある。このほか、初心者や子供でも挑戦できる体験フィッシングやグラスボート、マングローブが茂る宮良川や吹通川のカヌーなどが楽しめる。p.70参照。

はじめの一歩の進め方

石垣空港の到着ロビーを出ると観光案内所があり、パンフレットなどがたくさん置いてある。

レンタカー・バイク問い合わせ先

▼レンタカー
OTSレンタカー
♪0980-84-4323
石垣島レンタカー
♪0980-82-8840
ニッポンレンタカー（石垣島）
♪0980-82-3629
ニッポンレンタカー（石垣空港営業所）
♪0980-84-4010
▼レンタバイク・サイクル
石垣自転車商会
♪0980-82-3255
新栄自転車商会
♪0980-82-4636

HINT

雨が降ったらどうする？

産業道路沿いにあるみんさー工芸館（♪0980-82-3473／地図p.47-F）では、八重山伝統のみんさー織り体験を実施。コースター（1500円）などのコースがある。石垣市立図書館（♪0980-83-3862／地図p.48-F）は、沖縄関連の本やCDなどが充実している。

美しい川平湾へ

石垣島随一の名勝、川平湾。潮の満ちているときがひときわ美しく、海のグラデーションが素晴らしい。p.51参照。

島の最北端平久保崎

ドライブの折り返し点で、市街地からクルマで約1時間30分。灯台が目印。見晴らしがよく開放感たっぷり。p.52参照。

北部に多い共同売店

集落単位で運営している店。食品類からタバコ、酒類、文房具など生活に必要なものが揃う。

平久保崎
♀平野
平久保
安良岳
▲366
♀明石
はんな岳
▲239
野底岳 ●玉取崎展望台
▲282
伊土名
390
伊野田
川平ロータリー ♀米原
御神崎 ♀山原 ●米原の
川平湾 ● ヤエヤマヤシ群落
屋良部岳 於茂登岳 ♀星野
▲217 ♀崎枝 ▲526
石垣市
✚南ぬ島石垣空港
名蔵湾 ♀名蔵 ●石垣空港
バンナ公園
石垣島天文台 宮良川の 白保
194 ▲230 ヒルギ林 ♀ 白保の海
前勢岳 バンナ岳 ♀宮良東
唐人墓 宮良湾
●石垣市公設市場
石垣港
離島ターミナル
竹富島

石垣島

星空ウォッチング

市街地に近いバンナ公園は、森林の中にありながら駐車場が随所にあり、夜景のビュースポット。前勢岳に建つ石垣島天文台は、土・日曜・祝日の夜に観望会を実施。土星や木星、月のクレーター、星雲など季節に応じた天体を観測する。p.50参照。（写真提供：国立天文台）

困ったら公設市場

鮮魚や海草類、石垣牛などの精肉、南国のフルーツがずらりと並ぶ。2階には島産の土産物が揃う石垣市特産品販売センター（p.61参照）がある。公設市場周辺にはユーグレナモールというアーケードが続き、土産物店や飲食店が軒を連ねている。散策にもうってつけ。

美しい白保の魅力

海のサンゴも町並みも美しい白保。小道が交差する集落をのんびり散策するのも心地いい。各民宿で出しているサンゴめぐりの船は、宿泊者以外でも利用できる。満潮の時間に合わせて出航。赤瓦の家やフクギ並木など集落の風景も落ちつける。p.52参照。

HINT

石垣の夜遊び

夜になると華やかなネオン街に一変する美崎町界隈。居酒屋やナイトクラブ、民謡酒場などが集まっている。盛り上がるのは夜9時すぎてからだが、朝まで営業する店は少なく、ほとんどが深夜1時頃に閉店する。

写真家・北島清隆の

島の思い出を
美しく撮る
ワンポイント講座

石垣島編

石垣島では、高台や景勝地から望むコーラルリーフが最高に美しく、撮影したくなるような場所が数多くあります。季節としては、梅雨明けから9月末くらいがおすすめで、空が青く入道雲が出て、南国イメージの写真が撮れると思います。

ここでは、コンパクトデジタルカメラや一眼レフカメラの初級モデルなどで手軽に撮影するためのポイントを、簡単に案内しています。具体的なカメラの操作方法などは、各カメラ購入時に添付されている説明書をご確認ください。

海を撮ろう

『楽園の海』

沖縄らしい青い海は
「順光」で撮ることが重要！

太陽が真上より後ろに来ている状態だと海や珊瑚礁の色がきれいに写ります。できれば撮影場所へ行く前に地図を見て、太陽との方位関係を調べ、順光の時間を確認しましょう。ちなみに、写真左の、石垣島西部にある川平湾は、お昼から15時ぐらいの間に撮影しています。

また、一眼レフカメラならPLフィルター（円偏光フィルター）というものをレンズにつけると、海の反射などが消えて、さらに空も海も青く撮れます。そして、たとえば、雲がとても印象的であるなら「空7：海3」、海の美しさを際立たせたければ「空4：海6」ぐらいの割合の構図にするといいでしょう。

POINT　構図としては、もし手前にハイビスカスなどの花を見かけたら、それを近景に入れるように撮ると鮮やかになります。

人物を撮ろう

構図のとり方にもひと工夫を！

　景勝地で人物を撮るなら、その景色の真ん中より少しずれたところに立ってもらい、カメラの機能にフォーカスロック（p.76参照）があればこれを使いましょう。するとその風景を壊さずに集合写真が撮れます。

　また、旅行中の顔ぶれが同じだと、写真も同じようなパターンになりがちです。そこで、ビーチなどで撮る時などは、わざと水平を斜めにしてみたり、みんなでジャンプして撮ったりすると変化がつきます。

『明石海岸を望む』

POINT
この写真のように、人物を右寄りに写す構図にすることで、海に広がりを出して見せることができます。

料理を撮ろう

『八重山そば、いただきます』

カメラを離してズームで撮れば“おいしそう”に！

　旅の思い出には、食べた料理も欠かせません。料理写真は、カメラを料理に近づけるのではなく、できれば立ち上がって、カメラを50cm程度離して、45度くらいの斜め上から撮りましょう。

POINT
ズームアップして画面いっぱいに写すとおいしそうな写真になります。

夕焼けを撮ろう

実は太陽が沈んでからが夕焼けの本番です！

　日が沈むのはあっという間です。日没の1時間ぐらい前に準備できれば理想的。時間に余裕を持って、スタンバイしましょう。日が落ちてから10〜15分ほど経つと、空が真っ赤に焼けてくるので、少し待ってみてください。三脚がなければISO感度を上げるか、夜景モードにする。または、何か台になるものの上にカメラを置いてシャッターを押したほうが手ぶれを起こしません。写真右は私が最も好きな夕焼けの名所・名蔵湾です。

『夕映えの名蔵湾』

POINT
近くにマングローブやヤシ、アダンの葉などを見つけたら、それをシルエットにするのもいいでしょう。

※p.76〜77には「竹富島編」があります。写真家・北島清隆氏プロフィールはp.9を参照。

撮影講座／石垣島編

見る＆歩く

八重山博物館
やえやまはくぶつかん

地図p.49-G
離島ターミナルから🚶6分

　漁具、農具、玩具、染め物、焼き物、葬祭用の飾りなど多岐にわたり、実際に使われていた昔の用具を展示している。民具のなかにはホラ貝などの貝や、クバの葉、ガジュマルの木を素材にしたものも多く、南の島の自然と密着した生活をうかがい知ることができる。サバニ(小舟)やくり船、宮良殿内の10分の1の模型もある。

☎ 0980-82-4712　⏰ 9:00～17:00
💰 200円、学生100円(団体割引あり)
🈺 月曜・祝日休(月曜が祝日の場合火曜も休)
年末年始

TEKU TEKU COLUMN

ファーマーズマーケット
ゆらてぃく市場(地図p.48-F)
「JAやえやま」が主催する農産物特売所。採れたての野菜や果物を農家の人が直接届けに来るので鮮度がよく、流通コストを省いている分、値段も安い。オオタニワタリやハンダマなど、八重山ならではの季節野菜もお目見えする。野菜の他、豆腐や石垣牛、ハーブティーや総菜もある。

☎ 0980-88-5300　⏰ 9:00～19:00
🈺 不定(正月3日間・旧盆1日・生産者大会1日)
※離島ターミナルから🚶10分

宮良殿内
みやらどぅんち

地図p.49-C
離島ターミナルから🚶10分

　琉球王朝時代、島役人の頭だった宮良氏の屋敷。士族屋敷の様式をとどめた県内唯一の建物で、国の重要文化財となっている。趣深い日本庭園も必見だ。現在も住居として使用されている。

⏰ 9:00～17:00
💰 200円　🈺 火曜

POINT

てくナビ／にぎやかな商店街から住宅地の路地を入って行くと、赤瓦屋根やシーサー、魔除けの石敢当など沖縄らしい民家が並ぶ一角にある。

桃林寺
とうりんじ

地図p.49-B
離島ターミナルから🚶10分

　八重山に寺社がひとつもなかったことから、薩摩の進言により1614年に建立された臨済宗の寺。明和の大津波(1771年)で倒壊したが再建された。山門にある仁王像は沖縄に現存する最古の像で、県の文化財に指定されている。隣には桃林寺とともに建てられたという木造建築の権現堂がある。

川平

1:25,000

0　　　　300m

・川平貝塚

川平石崎・クラブメッド・カビラへ

♪徒歩6分

グラスボート乗り場

P.51 川平湾

P.70 ダイビングスクール海講座
P.70 川平マリンサービス
消防署
展望台

川平ロータリー
P.89 民宿大浜荘
スタジオマーベル

川平公園
仲間商店

P.69 上や
カビラガーデン
高嶺酒造所
琉球真珠

川平公園

さうすぽいんと
P.70

川平小中 学校
川平局前

P.68 民宿前高屋

石垣市街・伊原間へ

P.52 平久保崎

大地離
浦崎
平野
平野
山当山 ▲247
平久保灯台
平久保
平久保
安良岳 ▲366
吉野
吉野
久宇良
久宇良
久宇良
安良崎
P.51 石垣島サンセットビーチ
アイナマ石
民宿明石
P.69 月桃の宿あかいし
明石食堂
明石
トムル崎
伊原間牧場

西表石垣国立公園 はんな岳 ▲239

野底崎
ベイベール
P.56 Forestale Uno
栄
P.52 伊原間サビチ洞
伊原間

兼城
大浦ダム
野底
野底岳 ▲282
金武岳 202▲
玉取
ペンションさっぽろ
島の休日 ヨイサーマー P.69

野底崎
伊土名
ヒルギ群落
伊土名
めがろば P.70
大野
玉取崎展望台 P.51

マリンメイト
伊土名ビーチ
P.57 農村喫茶 石川農園
伊野田オートキャンプ場

クラブメッド 石垣島 カビラ P.62
P.65 石垣シーサイドホテル
P.51 底地ビーチ
川平石崎
川平ロータリー
上図
川平公園
川平湾
P.51 吉原
米原キャンプ場
米子焼工房
民宿花城 P.69
横目
大田
伊野田校
野底崎
海のもの山のもの

P.50 御神崎
川平ファーム
ヨーン
崎枝湾
崎枝
大嵩
山原
米原
富野
星野
星野

屋良部岳 ▲217
ぶざま岳 ▲322
赤崎
米原のヤエヤマヤシ
群落 P.51
底原ダム
大里
カーラ岳 ▲136

屋良部崎
フーネ
P.79
カンヒ桜自生地
ボーザーおばさんの食卓
於茂登岳 ▲526
真栄里ダム
おもと
於茂登

大崎
名蔵大橋
名蔵ダム
石垣市
P.60 民芸 萌菜
High Tide
名蔵
元名蔵
開南
石垣やいま村
名蔵
浦田
高田
石垣新川

南ぬ島石垣空港 P.34
石垣空港
石垣レンタカー
ステーション
やちむん館工房 P.61
のんびりカフェ P.57

名蔵湾

P.50 石垣島天文台
みね屋工房
211
開南入口

P.59 ミルミル本舗本店 P.59
石垣の塩
フサキビーチリゾート
ホテル&ヴィラズ
P.65 石垣島ビーチホテルサンシャイン
P.50 唐人墓
崎枝観光農園
グランヴィリオリゾート
石垣島ビーチホテルサンシャイン
グランヴィオ
ガーデン

バンナ公園
前勢岳 ▲194
バンナ岳 ▲230
バラビドー
観光農園
八重山自然村
休暇村
アンパル自然観察
ゆし工房
真栄里

国際農林水産業
研究センター
宮良川の
ヒルギ林
磯辺
宮良
宮良東
バビル P.58
白保
石垣島villa7716 P.69
沖縄かりゆしリゾートエグゼス石垣 P.65
白保の海 P.52
しらほサンゴ村 P.52
白保中前
ガーデンCafeしまのこかげ P.59
みやら川観光エコステーション P.70

冨崎
北崎
竹富島
竹富町
コンドイビーチ
コンドイ岬
アイヤル浜

八重山観光フェリー・
石垣島ドリーム観光・
安栄観光
福山海運
P.56 担たん亭
石垣の宿がいしかい
ホテルグランビュ
アートホテル石垣島 P.66
P.69 ぷちハウス
P.61 島唄
P.53 石垣市健康福祉センター
P.55 こっから
石垣市役所
宮古八重山
農林高校

なごみの塔
コンドイビーチ

西表石垣国立公園

72

安栄観光・
石垣島ドリーム観光・八重山観光フェリー

真栄里
リハロウ
ビーチ
P.55・58
ハンモック P.53
ANAインターコンチネンタル石垣リゾート P.63
みんさー工芸館 P.42
トラベラーズカフェ朔 P.56

竹富島
西表島(上原)・鳩間島へ

小浜島・黒島・西表島(大原)・波照間島へ
与那国島へ

東シナ海

太平洋

石垣島
1:200,000

0　　　　5km

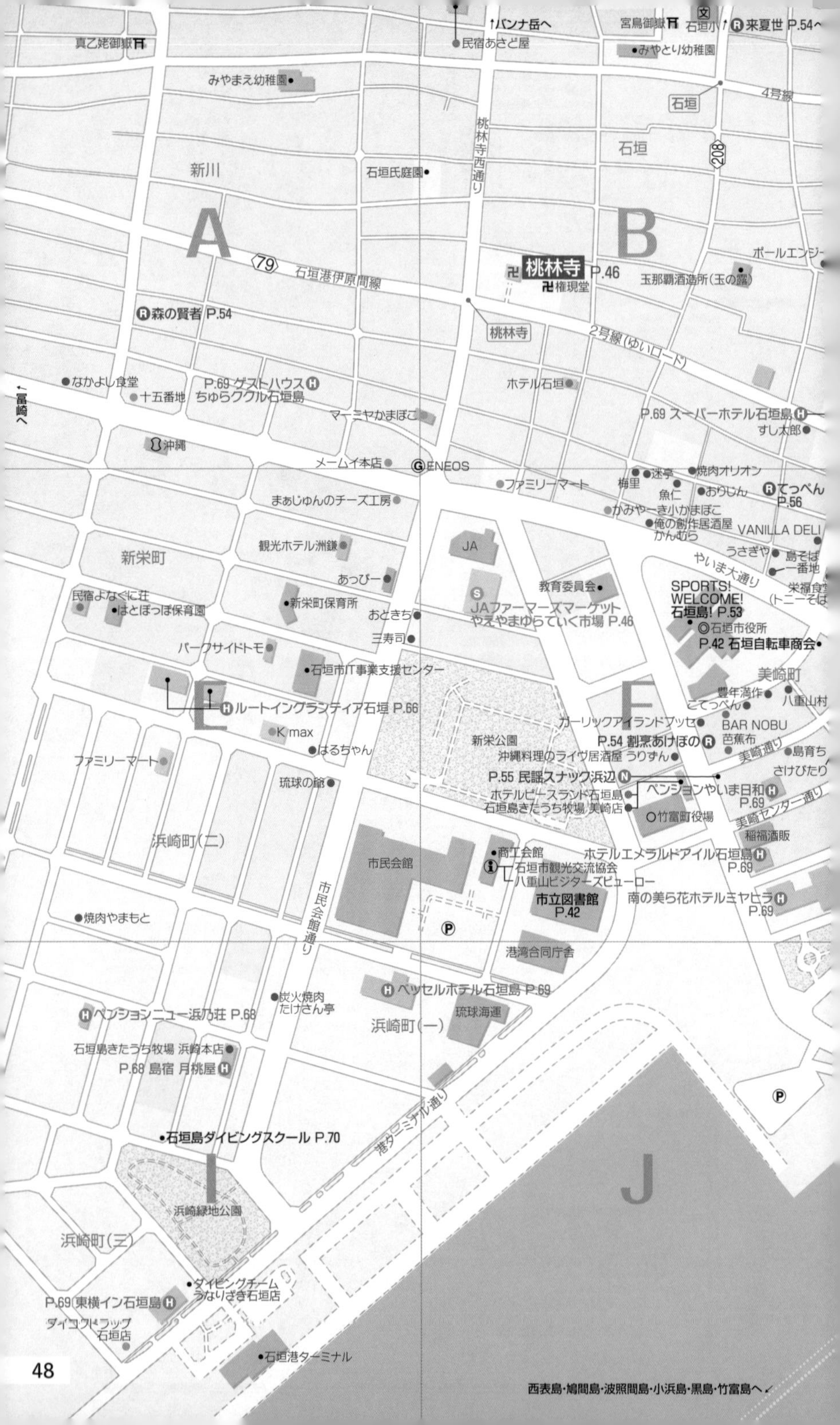

真乙姥御嶽
↑バンナ岳へ
民宿あさど屋
宮鳥御嶽
文
石垣小
↑
来夏世 P.54
みやとり幼稚園
みやまえ幼稚園
4号線
石垣
桃林寺西通り
石垣
208
新川
石垣氏庭園
A
B
79
石垣港伊原間線
桃林寺 P.46
権現堂
ボールエンジー
玉那覇酒造所（玉の露）
森の賢者 P.54
桃林寺
2号線（ゆいロード）
なかよし食堂
十五番地
P.69 ゲストハウス ちゅらククル石垣島
ホテル石垣
←冨崎へ
マーミヤかまぼこ
P.69 スーパーホテル石垣島
すし太郎
沖縄
メームイ本店
ENEOS
迷亭
焼肉オリオン
梅里
魚仁
おりじん
てっぺん P.56
ファミリーマート
まぁじゅんのチーズ工房
かみやーき小かまぼこ
俺の創作居酒屋 かんむら
VANILLA DELI
観光ホテル洲鎌
JA
新栄町
うさぎや
島そば 一番地
やいま大通り
あっぴー
教育委員会
栄福食堂（トニーそば）
民宿よなぐに荘
はとぽっぽ保育園
新栄町保育所
JAファーマーズマーケット やえやまゆらていく市場 P.46
SPORTS! WELCOME! 石垣島! P.53
おときち
石垣市役所
三寿司
P.42 石垣自転車商会
パークサイドトモ
石垣市IT事業支援センター
美崎町
E
F
ルートイングランティア石垣 P.66
豊年満作
八重山村
こてっぺん
ガーリックアイランドプッセ
K max
BAR NOBU
新栄公園
P.54 割烹あけぼの
芭蕉布
はるちゃん
美崎通り
ファミリーマート
沖縄料理のライヴ居酒屋 うりずん
島育ち
P.55 民謡スナック浜辺
さけびたり
琉球の爺
ペンションやいま日和 P.69
ホテルピースランド石垣島
石垣島きたうち牧場 美崎店
竹富町役場
美崎センター通り
稲福酒販
浜崎町（二）
商工会館
ホテルエメラルドアイル石垣島 P.69
市民会館
石垣市観光交流協会
八重山ビジターズビューロー
市民会館通り
市立図書館 P.42
南の美ら花ホテルミヤヒラ P.69
焼肉やまもと
港湾合同庁舎
炭火焼肉 たけさん亭
ベッセルホテル石垣島 P.69
ペンションニュー浜乃荘 P.68
琉球海運
浜崎町（一）
石垣島きたうち牧場 浜崎本店
P.68 島宿 月桃屋
港ターミナル通り
石垣島ダイビングスクール P.70
I
J
浜崎緑地公園
浜崎町（三）
ダイビングチーム うなりざき石垣店
P.69 東横イン石垣島
ダイコクドラッグ 石垣店
石垣港ターミナル
西表島・鳩間島・波照間島・小浜島・黒島・竹富島へ↙

唐人墓
とうじんばか

地図 p.47-E
離島ターミナルから🚗15分

　1852年、中国から400人の労働者がアメリカへ向かう船内で虐待を受け、暴動を起こした。船は座礁し、石垣島で下船。その後、米英の追手により殺害されたり捕虜になる。この事件で命を失った中国人を葬った墓。中国風の極彩色をしており、1971年に現在の形に建立された。

御神崎
おがんざき

地図 p.47-C
離島ターミナルから🚗30分

　島の西にある屋良部半島の先端。切り立った断崖に真っ白な灯台が建つ。石垣港を出入りする船を眺めながら、広々とした芝生で過ごすのもいい。灯台の奥には遊歩道がのびていて、4月から5月にかけては、岩場にテッポウユリが白い清楚な花を咲かせる。また、夕日の名所としても親しまれていて、茜色から群青に染まる夕景を見ようと、夕暮れ時には多くの人が集まる。

> POINT
> てくナビ／御神崎入口の案内板から300mほど急な坂道を上がる。道の両脇には熱帯植物がうっそうと茂る。

石垣島天文台
いしがきじまてんもんだい

地図 p.47-E
離島ターミナルから🚗25分

　北緯24度に位置する八重山諸島は、ジェット気流の影響も少なく、全天の88星座のうち、84星座を観測でき、南十字星や21個の一等星のすべてが美しく見える。国立天文台の研究施設である石垣島天文台では、105センチ光学赤外線望遠鏡「むりかぶし」による天体観望会を土・日曜祝日に開催している。「星は特産品」といわれるほどの美しい星空は、見逃せない。昼間の施設見学も可能で、2013

年夏には「星空学びの部屋」が完成。国立天文台が開発したデジタル宇宙シアター「4D2U」を、200インチのフルハイビジョンスクリーンで鑑賞できる。宇宙船に乗っているかのように、地球から138億光年先までの宇宙旅行を体感できる。（写真提供：国立天文台）

> ♪ 0980-88-0013　💰 施設見学100円、星空学びの部屋（4D2U）400円、天体観望会500円　🈺 月・火曜　🕐 施設見学10:00〜15:30（10:00から1時間おき）、星空学びの部屋15:30〜16:15、天体観望会 土・日曜・祝日の20:00〜20:45
> ※施設見学、石垣市星空学びの部屋、天体観望会は要電話予約。開催時間はウェブサイトで確認を。
> https://murikabushi.jp/

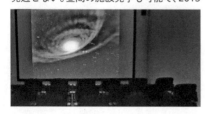

川平湾
かびらわん

地図 p.47-C
離島ターミナルから🚗30分
またはバスターミナルから川平リゾート線🚌
1時間20分の🚏川平公園下車

　黒真珠の養殖でも知られる石垣島を代表するビュースポット。国指定の名勝地にも選ばれ、真っ白な砂浜と時間とともに七色に変化するといわれるエメラルド色の海のコントラストがまぶしい。松林のなかには湾を一望できる展望台がある。また海のなかは約250種類ものサンゴが生息。潮流が速いためここでの遊泳は禁止されているが、グラスボート（1200円、所要時間約30分）で観賞できる。

米原のヤエヤマヤシ群落
よねはらのやえやまやしぐんらく

地図 p.47-D
離島ターミナルから🚗35分
またはバスターミナルから米原キャンプ場線🚌
57分の🚏ヤシ林下車すぐ

　ヤエヤマヤシは石垣島と西表島だけに自生している植物。於茂登岳の北西山麓の米原には高さ10mもあるヤエヤマヤシの木が群生していて、その数は数百本ともいわれ、国指定天然記念物。散策路沿いにはほかにも、ガジュマルやクロツグ、デイゴなど、亜熱帯の植生を見ることができる。

玉取崎展望台
たまとりざきてんぼうだい

地図 p.47-D
離島ターミナルから🚗40分
またはバスターミナルから東回り一周線、平野線🚌
1時間の🚏玉取下車🚶5分

　展望台からの眺めは抜群。サンゴ環礁の海が目の前に迫り、沖合いにはリーフに白波が打ち寄せている。石垣島でいちばんくびれた部分の船越や平久保半島が一望でき、北部の地形が手にとるようにわかる。ハイビスカスの花が植栽された、気持ちのいい遊歩道が整備されている。

TEKU TEKU COLUMN

ビーチ情報

　石垣島での定番の海水浴場といえば、川平湾に近い底地ビーチ（写真）。大きな弧を描く波の穏やかな遠浅の浜で、海水浴にはぴったりだ。シャワーなども完備され、浜には木々が茂っているので日陰も確保できる。夏場はハブクラゲに注意しよう。

　北部の久宇良にある石垣島サンセットビーチでは干潮時でも遊泳できる。米原ビーチはサンゴが美しいことで知られるが、潮の流れが速いため遊泳禁止となっている。

　白保のビーチ（p.52参照）は遊覧船などを利用しよう。他の場所でも、むやみに泳ぐのは危険なので宿の人に確認しよう。

伊原間サビチ洞

いばるまさびちどう

地図 p.47-D
離島ターミナルから🚗50分

石垣島ができたという3億7000万年前、海底から浮上して生まれたといわれる鍾乳洞。貫通型の大型横穴で全長は約300m。海に抜けられる珍しい洞窟だ。なかは湿度が高く、石柱、石筍、つらら石などが発達。入口付近の池には体長2mの大ウナギが生息しているが、なかなか浮上しないので見られたらラッキーだ。

📞 0980-89-2121
🕐 9:30〜17:00（最終入場16:30）
💴 1200円　🈺 無休

平久保崎

ひらくぼさき

地図 p.47-B
離島ターミナルから🚗1時間30分

牛たちが草をはみ、のどかなムードが漂う石垣島の最北端。広々とした牧草地帯の丘陵の上に立つ白い灯台が印象的。駐車場右手の丘に登ると、白い灯台と青い海をいっぺんに望むことができる。晴れた日には海の彼方に多良間島が見える。

POINT
てくナビ／近くにサガリバナ（p.106参照）の群生地があり、7月頃最盛期を迎える。夜には幻想的な淡いピンクの花がたわわにぶら下がっている様が見られる。

TEKU TEKU COLUMN

北半球最大の貴重なサンゴ礁
白保の海（地図p.47-F）

石垣島の東南部に位置する白保には浜から約1kmほど沖に、10数kmにわたって長いリーフが続き、その内側には世界的にも有名なサンゴ礁が広がる。その群落は、オーストラリアのグレートバリアリーフにも匹敵するほどで、巨大なアオサンゴ、ハマサンゴ、ミドリイシやウスコモンサンゴなど種類も多く、その間には熱帯魚が泳ぎまわっている。

白保のサンゴは比較的浅瀬にあり観察に適しているが、各民宿で出しているサンゴめぐりのボートを利用するのがいい。また、集落にはWWFジャパンから白保公民

水深1mくらいの浅瀬にサンゴが広がる
（写真提供／WWFジャパン）

館に譲渡された「しらほサンゴ村」（📞0980-84-4135、10:00〜13:00、金・土曜・祝日休）があり、サンゴ礁と生き物に関する展示室や資料コーナーなどがある。

海、空、山の宝石の島で快適な汗！

スポーツの島で
見る派？ 動く派？

マラソンから始まり、トライアスロン、自転車競技…。八重山のイベントにはスポーツに関わるものがとても多い（p.20〜21参照）。プロアマ問わずスポーツキャンプも多く実施され、プロスポーツやオリンピック選手による自主トレの光景もよく見られる。これは島の恵まれた環境によるもの。

ひとつは夏場は爽やか、冬場は本土より暖かいという気候。2つ目に、山と海が隣接していて変化に飛んだ地形なのでトレーニングにふさわしいということと、野球場やサッカー場などの施設が充実しているため。3つ目に、リフレッシュするのに最適な遊びや空間がすぐそこにあるということ。

スポーツイベントに参加したり、プロの技を眺めながら景色を楽しむのも石垣島ならではの過ごし方。海や空、スポーツまで、裾野が広い八重山の魅力を満喫しよう。

トライアスロン

4月中旬には、日本中のアスリートが集まる石垣島トライアスロン大会が実施される。街中で開催されるとあってホテルも近く、観戦するにもアクセスがいい。アスリートの技と身体を間近で見る絶好のチャンスだ。

石垣島マラソン

島の風景を楽しみながらのんびり走ったり、心地よい気候の中記録に挑戦したり、年々参加者が増える人気のマラソン大会。終了後の交流会ではライブあり、踊りありの大賑わいでこれを楽しみに参加する人も多い。

新城幸也（ロードバイク）

自転車競技オリンピック選手でツール・ド・フランスにも出場する新城選手は石垣島出身。起伏の激しい島でのトレーニングが今の彼のベースを作っている。お父さんは高校教師で、続々と有望な選手を育てている。

> 島でスポーツを
> 楽しむ時の助っ人

**SPORTS! WELCOME!
石垣島！**
［石垣市スポーツ交流課］
島でのスポーツに関するトータルコンサルティング。☎0980-82-1212 地図／p.48-F

石垣市健康福祉センター
［石垣市市民保健部］
2時間200円で筋トレマシンやエアロバイクなどスポーツジム施設を使用できる。☎0980-88-0088 ⏰9:00〜21:30 🈯無休 地図／p.47-E

リフレッシュ！

Cloud Nine

リラクゼーション
アロマオイルトリートメント（フットバス付）95分1万円、タイ古式マッサージ（フットバス付）95分8500円、フットリフレクソロジー（フットバス付）75分6300円。☎0980-87-0283 地図／p.49-C

リフレッシュ！

ハンモック

リラクゼーション
もみほぐし15分1000円、60分3500円。☎0980-83-1122（真栄里店）地図／p.47-F ☎0980-87-0028（登野城店）地図／p.49-G

食べる

石垣タウン／そば

ゆうくぬみ

地図p.49-G
離島ターミナルから🚶4分

　店名は狭いところという意味で、席は12席。沖縄のそばはほとんど食べ歩いたという店主が作る、そば（大600円）は、さっぱり味のダシと麺がとてもマッチしている。

📞 0980-82-4397
🕐 11:30〜16:30（LO）
🈲 日曜

石垣タウン／島料理

南の島
ぱいぬしま

地図p.49-G
離島ターミナルから🚶4分

　ユーグレナモールの近くにあり、古い赤瓦の民家を移築した建物。ソーミンチャンプルー（650円）や、ラフテー（700円）など、島料理はどれも懐かしい。カウンター席もあるので、一人でも気軽に入れる。女将は気さくで美人。地元のおじいの来店も多い。

📞 0980-82-8016
🕐 11:00〜15:00（14:30LO）、
　　17:00〜23:00（22:30LO）
🈲 日曜

石垣タウン／寿司

割烹あけぼの
かっぽうあけぼの

地図p.48-F
離島ターミナルから🚶4分

　石垣島産本マグロ、ミーバイ、アバサー、車エビ、ノコギリガザミなど八重山の新鮮な海の幸を存分に味わえる店。味のよさと大将のお人柄が魅力。一品料理から寿司、定食までメニューも豊富。にぎり寿司は海鮮ネタだけでなく石垣牛の握りも人気で、とろけるようなおいしさ。浜崎町ゆかりのハマサキノオクサンという名前の魚は、煮付けが絶品。話の種に。シャリがなくなると閉店するので早めの入店がおすすめ。

📞 0980-82-7759
🕐 18:00〜23:00（22:30LO）
🈲 日曜

石垣タウン／島創作料理

森の賢者
もりのけんじゃ

地図p.48-A
離島ターミナルから🚶15分

　市街地から少し離れた隠れ家的な店。化学調味料は一切使わず、ダシやドレッシングまで手間暇かけて作り、体にやさしい料理を提供。ときには、流通ルートに乗らない身近な島素材を集めに行ったりもする。メニューは、ラフテー

石垣タウン／そば

来夏世
くなつゆ

地図p.48-B
離島ターミナルから🚗5分

　静かな住宅街にあるそば店。灰汁をていねいにとったキラキラ透明感のあるダシは、おばぁの手作り。さっぱりしているが、ほんのり甘みとコクがある。そば（中）は550円。ジューシー付きの八重山そばセットは750円。セットについてくる漬物も自家製で人気。店内は風が心地よい。

📞 0980-82-7646
🕐 10:00〜14:00
🈲 水・木・日曜

モリケン風（750円）、近海魚のカルパッチョ（950円）など、独創性に富んでいる。席は予約した方が確実。

📞 0980-83-5609
🕐 18:00〜23:30
🈲 不定

石垣タウン／島料理

こっかーら

地図 p.47-E
離島ターミナルから🚗10分

　石垣島の旧家、宮良殿内に代々伝わる精進料理を、末裔である宮良芳明ご夫妻が独自にアレンジ。八重山の野草や薬草をふんだんに使い、目も舌も楽しませてくれる。料理は「夜膳符」というコースのみ。品数によって料金が異なり、6600円と8800円。前日までに要予約。

📞 0980-88-8150
🕐 18:30〜22:00　休 不定

石垣タウン／民謡スナック

浜辺
はまべ

地図 p.48-F
離島ターミナルから⛴4分

　古典民謡も沖縄ポップスもリクエスト可という唄者の三線がひびく民謡スナック。島では老舗の店で、地元の人も訪れ、観光客も安心して八重山の島唄が楽しめる。1ステージ3000円〜（泡盛飲み放題）。

📞 0980-83-0927
🕐 20:30〜24:00　休 日曜

真栄里／島ハワイアン

島野菜カフェ リハロウビーチ
しまやさいかふぇりはろうびーち

地図 p.47-F
離島ターミナルから🚗5分

　真栄里バイパス沿いある。島野菜の冷製バーニャカウダ（1485円）や和風ロコモコ（1468円）など、様々にアレンジされた島素材を堪能できる。非日常的な空間でゆったり食事できるようにと、ランチにはスープと白ワインを含

石垣タウン／ヤギ料理

一休食堂
いっきゅうしょくどう

地図 p.47-E
離島ターミナルから🚗10分

　ヤギ料理がメインの大衆食堂。ヤギ汁（1300円）は、手作りの宮古味噌を使って、苦手な人でも食べやすくなっているのが特徴。ヤギ肉と血を炒めたイリチャー（単品・1400円）、ヤギ汁に麺が入ったヤギそば（950円）もある。

📞 0980-82-1803
🕐 11:00〜20:00　休 月曜

むドリンクバーがフリー。ゆし豆腐入りワッフル（880円）などスイーツは見た目も素敵。店内はフローリングでリラックスでき、海がすぐ目の前なので爽快な景色と風を感じながら過ごすことができる。

📞 050-5868-6284
🕐 10:00〜17:00（16:30LO）、
　17:00〜21:00（20:30LO）
休 不定

石垣タウン／石垣牛

焼肉金牛
やきにくきんぎゅう

地図 p.49-G
離島ターミナルから⛴4分

　石垣島白保に自家牧場をもち、手塩にかけて育てられた極上の石垣牛を扱う焼肉店。店内には座敷もあり、落ち着ける雰囲気。カルビやロースなどが付いている焼肉セットメニューは5450円から。

📞 0980-82-2232
🕐 17:00〜21:30（LO）
休 木曜

石垣島

新川／石垣牛

担たん亭
たんたんてい

地図 p.47-E
離島ターミナルから🚗10分

老舗のステーキ屋で、JA八重山郡推薦の最高級の石垣牛が味わえる。サーロインステーキが150g 7480円～と値段は張るが、とろけるような味わい（p.18参照）。牛タン料理も人気で、牛汁やタン焼が付いた、たん定食2695円。

📞 0980-82-2190
🕐 11:30～14:00（LO）、
　 17:30～20:30（LO）
🈺 不定休

美崎町／島料理

てっぺん

地図 p.48-F
離島ターミナルから🚢8分

石垣牛から海鮮料理、沖縄料理まで揃う居酒屋。客席も多く、座敷もある。板前さんが調理しているが、カジュアルで入りやすい。石垣牛炙り握り1かん350円、島魚盛り合わせのてっぺん盛り1800円、アーサのてんぷら680円など。姉妹店のこてっぺん（📞0980-87-0257、地図p.48-F内、石垣市役所の南）も人気。

📞 0980-88-8581
🕐 15:00～23:30　🈺 水曜

登野城／カレー

トラベラーズカフェ朔
とらべらーずかふぇ さく

地図 p.47-F
離島ターミナルから🚗10分

本格的かつ食べやすいインドやベトナムのカレーをメインに、アジアをはじめ各国のスイーツとドリンクを楽しめる落ち着いた雰囲気のカフェ。いろいろな国の「オイシイ」をどうぞ。カレー1250円～。スイーツ550円～。ランチ980円～。

📞 0980-88-8183
🕐 11:30～16:00、
　 19:00～22:00（21:30LO）
🈺 日曜

栄／イタリアン

Forestale Uno
ふぉれすたーれ うーの

地図 p.47-D
離島ターミナルから🚗40分

石垣島北部、栄集落の奥にある森に囲まれた、石垣島で一番たどり着きにくいといわれる、

隠れ家的イタリアンレストラン。島の食材をふんだんに使ったスパゲッティは常時20種類を用意し、漆職人である奥様が制作した漆の器に盛り付けられ、気品あふれる器とシックな内装が料理を引き立ててくれる。レストラン2階にはギャラリーが併設され、作品を購入す

ることもできる。晴れた日の夜の営業時なら、こだわりのイタリアンを堪能した後、満天の星空も楽しめる。

📞 0980-89-2670
🕐 11:30～15:00（14:30LO）、
　 17:30～21:00（20:30LO）
🈺 月曜、第2・4火曜

宮良／ピザ

のんびりカフェ

地図p.47-F
離島ターミナルから🚗20分

天然酵母の石窯焼きピザを宮良の高台で。石垣島産島野

菜のピッツァ、モッツァレラのマルゲリータ、ホタテときのこのオイルパスタや4種のきのこ和風パスタ、季節のフルーツを使ったデザートピッツァも人気。

☎ 070-5817-1906
🕐 11:00〜15:30 (15:00LO)
　　テイクアウト11:30〜17:00
休 不定休
＊敷地内禁煙

大川／カフェ

Banana Cafè
ばななかふぇ

地図p.49-G
離島ターミナルから🚶5分

「飲める人も、飲めない人も心地よく楽しめる」がコンセプトだけあって、メニューのバリ

エーションが頼もしい。ワインや850円〜、ウイスキー800円〜、八重山の泡盛550円〜、コーヒー500円〜、バナナシェイク950円、黒糖バナナアイスラテ850円、自家製生チョコとバナナのパフェ900円など。

☎ 0980-88-7690　休 不定休
12:00〜18:00、
18:00〜1:00

大川／カフェ

Avance-soap and leaf tea-
あばんせ（そーぷ あんどりーふ てぃー）

地図p.49-G
離島ターミナルから🚶5分

石垣島のハイビスカスや月桃を使ったハイビスカスティーや月桃紅茶が、併設の雑貨店（P.60参照）内で味わえる（テイクアウトも可）。どちらも飲みやすくホッとする味わい。かわいいシーサーラベルの商品もおみやげに人気。

☎ 0980-82-1003
🕐 10:00〜日没　休 不定休

平得／カフェ

光楽園
ひかりらくえん

地図p.47-F
離島ターミナルから🚗15分

自家製農園で採れたグァバやパインなどの新鮮な農作物をおいしいスイーツに。シークアーサーフルーツソーダ620円、グァバフラッペ770円、ドラゴンフルーツ＆バナナスムージー770円、グァバチーズサンド1200円など。

☎ 0980-88-8731
🕐 9:30〜17:00 (16:30LO)
休 不定

伊土名／カフェ

農村喫茶 石川農園
のうそんきっさ いしかわのうえん

地図p.47-D
空港から🚗35分

マンゴー、パイン、島バナナ、島レモンなど6種類のフルーツを使ったミックスジュース「石川農園スペシャル」がオススメ。原料は収穫時期に冷凍し、水は一切加えないこだわり。濃厚な味わいが病みつき。

☎ 0980-89-2548
🕐 10:00〜17:00
休 不定

57

南の島のスイーツ

とっておき！

甘い！冷たい！フルーティー！

島の素朴なお菓子から、フルーツを使ったアレンジ作まで、甘いおやつで暑さも疲れも吹き飛ばそう！

見た目も味も絶品！

↑ゆし豆腐入りワッフル（880円）／①島野菜カフェリハロウビーチ

←苺の森ショートケーキ（496円）など／②おかしの家パピル

厳選島素材×上品な味

色も味も多種多様

→さよこのサーターアンダギー（1個100円）／③さよこの店

①島野菜カフェリハロウビーチ
しまやさいかふぇりはろうびーち

食欲をそそる美しさ！ゴージャスなワッフル

固まりかけたふわふわの状態の「ゆし豆腐」がミックスされている名物ワッフル。ちょっぴりきいている塩味が、上品な甘さを引き出してくれる。4種類ある中からお好みの味を選べる。

※店のデータはp.55参照

②おかしの家パピル
おかしのいえぱぴる

地産地消がモットーのケーキ店

石垣島産牛乳や白保の有精卵、波照間黒糖を使用し、地産地消を大切にしたお菓子作りがモットー。季節のフルーツケーキは地元の旬の果物で。お土産に焼き菓子もいい。

☎ 050-3760-1622
🕙 10:00～20:00（売り切れ次第終了）
休 月曜（日曜・祝日は不定休）
地図／p.47-Г

③さよこの店
さよこのみせ

迷うほど豊富な沖縄おやつの代表格

サーターアンダギーの種類がとにかく豊富。紅芋、グァバ、カボチャやバナナ、黒糖、ヨモギ、シナモン、ニガナもまある。店頭のできあがり時間表示を見て、お目当てのものをできたてに買おう。

☎ 0980-83-6088
🕙 10:00～（売り切れ次第終了）
休 日曜
地図／p.49-Ĵ

④七人本舗
ななびぃとほんぽ

地元の牛乳屋さんの味は絶品

石垣島に牧場をもつマリヤ乳業の牛乳は香り豊かで、そのシェイクも濃厚。プレーンで十分おいしいが、ソース（マンゴーやパッションなど・無料）でさらに島の味が楽しめる。離島ターミナル内なので船待ち中に。

☎ 0980-83-0105
🕙 6:30～18:00
休 無休
地図／p.49-K

濃いけど
後味サラッ

ていねいな
作りに感動

→ミルク氷ぜんざい
／**⑥**ニッコー製菓

←マンゴーと紅芋のジェラート（495円）
／**⑤**ミルミル本舗本店

↑マリヤシェイク
S（300円）／M（450円）
／**❹**七人本舗

ふわサラに
癒される

素材の味
そのまま

夏の果実
よくばりに

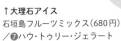

↑大理石アイス
石垣島フルーツミックス（680円）
／**❼**ハウ・トゥリー・ジェラート

↑ふわふわスノーアイス（550円）
／**❽**しまのこかげ

⑤ミルミル本舗本店
みるみるほんぽほんてん

ジェラートは
夕陽を見ながら？

　自社牧場の搾りたて牛乳と石垣島産フルーツによる無添加無着色の手作りジェラート。十数種類の中からふたつのフレーバーを選ぶことができる。お店は夕陽の絶景ポイントにある。石垣空港にも店舗あり。

☎0980-87-0885
🕐10:00〜日没
休無休
地図／p.47-E

⑥ニッコー製菓
にっこーせいか

石垣島スイーツで
外せない夏の味！

　丸一日かけて煮込んだ金時豆と大きくて弾力のある白玉が絶妙のミルク氷ぜんざい。石垣島の甘党には知らぬ人がいないほど人気。大浜地区老舗店の夏季限定品。実は神戸で腕を磨いた店主・上間さんの洋菓子も定評がある。

☎0980-82-2875
🕐11:00〜19:00
休日曜
地図／p.47-F

❼ハウ・トゥリー・
ジェラート

目でも楽しめる
早業スイーツ

　マイナス20度に冷やした大理石の上で、あっさりだけど濃厚な石垣島産ジャージー牛のミルクと旬のフルーツを手早く混ぜてくれる。トッピングも色々で迷うかも！

☎0980-83-5452
🕐3〜10月 は11:00〜19:00、2月と11月は13:30〜17:30
休不定（12〜1月は休）
地図／p.49-G

❽ガーデンCafe
しまのこかげ
がーでんかふぇしまのこかげ

舌にのせた瞬間、
あらっ？という食感

　薄くシェイプしたアイスで、雪のように口の中で溶けていく。軽くて、ふわふわな食感に力が抜けそうになる。アイスの味とソースの組み合わせは自由。うどんやベーグルまであり、島人に人気だ。

☎0980-86-8303
🕐11:00〜18:00
休水曜
地図／p.47-F

おみやげ どこで買う？

"沖縄"ではなく "八重山"らしいもの！

自然と文化に恵まれた八重山。その恵みあふれるものから、スタイリッシュなものまで、イチオシの品々を集めました。

ひらりよ商店 ひらりよしょうてん　〔雑貨〕

星の砂入りガラスヘアゴム 2500円／星の砂を閉じ込めた琉球ガラスのヘアゴム。直径約2.5cm。

琉球紅亀巾着 2200円／沖縄の紅型模様の反物を使用。

紅型手染めがま口（アバサー）3500円／一つ一つ手染めされたがま口で、絵柄はアカショウビン、ヤマネコなどいろいろある。

📞 0980-87-0797
🕙 10:00〜19:00
休 不定　地図／p.49-G

島の作家さんの一点物が一同に。キュートなものから少しキッチュなものまで。手頃なものも揃う。

Avance-soap and leaf tea- あばんせ（そーぷ あんど りーふ てぃー）　〔コスメ〕

島の石けん（月桃、ホーリーバジル、ハイビスカスなど）1320円〜

石垣島天然うるおい化粧水 1650円

石垣島シークヮーサーヘアトリートメント 2750円

📞 0980-82-1003
🕙 10:00〜日没
休 無休　地図／p.49-G

島で作った石けんとお茶を販売。その他、雑貨もあり。お茶は店内でも味わえる（p.57参照）。

民芸萌楽 みんげいもら　〔陶芸〕

川平焼凛火・皿、小鉢／繊細な色使いが大振りな器にマッチ。

貴クラフ陶・カップ＆ソーサー／女性作家ならではの優しい柄行。

カメラストラップ 4800円／ミンサー織りがモダンなストラップに。実は三線のストラップとしても使用できる。

📞 0980-87-7686
🕙 10:00〜20:30
休 無休　地図／p.47-D

島の陶芸作家の器を販売。テイストの違う窯元の作品を一ヶ所で楽しめる。ミンサー織り商品もあり。

石垣市特産品販売センター いしがきしとくさんひんはんばいせんたー 総合

📞 0980-88-8633
🕙 10:00〜17:00
㊡ 無休　地図／p.49-G

八重山産商材を製造する37業者の直営店。食から酒、雑貨まで。最後の押さえはここで的な店舗。

海のもの山のものの食べるとうがらしハリッサ 40ｇ 594円／島素材生まれのスパイス作りで定評のある店からの注目アイテム。

夜空の石垣島ドレッシング 150㎖ 631円／イタリアンレストランの女性シェフによる手作りドレッシング。野菜以外にも使える。

川平ファームのパッションフルーツジュース 270㎖ 1296円／濃厚で芳醇な味わい。パッションフルーツといえばここの！4倍希釈。

米子焼工房のゆがふSシーサー・赤（高さ7cm）2860円／見る人をハッピーな心にしてくれる。

宮城菓子店の石垣の塩ちんすこう石垣島産ミルク味／15袋入り 540円／石垣の塩を使ったちんすこう。

Kayak八重山工房 かやっくやえやまこうぼう 雑貨

📞 0980-87-5696
🕙 10:00〜20:00
㊡ 不定　地図／p.49-G

沖縄の作家さんの制作現場にまでも出向き買い付けするこだわりの品ばかり。店内も心地いい空間。

石垣島蜂蜜／添加物を一切加えず、熱処理も行わない、純粋・生はちみつ。

バイカラーのマグカップ（工房谷池）／島の土を使い、緑釉や灰釉で作られた素朴で温かみのある器。

アダン葉カゴ／色鮮やかなアフリカンテキスタイルのあずま袋をあしらった、島のおじい手作りの丈夫なアダン籠。

他にも、いろいろ！

島のアーティストのCD 2100円〜／唄と踊りの島といわれるだけあり、古典民謡からポップスまで、多彩なジャンルの楽曲があふれている。クオリティもGOOD。【左】正調八重山民謡「八重山ぬ心」宮良康正（民謡日本一・昭和44年）、【右】従兄弟・兄弟のエンタメユニット「空と天ぷらと海のにおい」きいやま商店（タウンパルやまだ 📞0980-82-2511、地図／p.49-G）

まーすお守り 550円／中に入っているニンニクと塩は、昔から魔除けとして使われている。（やちむん館 📞0980-86-8960、地図／p.47-F）

クリアファイル各 210円／美しい八重山の風景をいつも手元に。写真家・北島清隆氏撮影。（タウンパルやまだ※左記参照）

泊まる

リゾートホテル

心地いい潮風を浴びながらビーチサイドでとる遅めの朝食。午後は専用のクルーザーで海を満喫しようか、それともタラソテラピーで身も心もリラックスするか。ヤシの木陰で昼寝もいい。いずれも、ゆったりした島の時間が流れていく。南十字星を探しながらカクテルを傾けているうちに、いつしか波の音が子守歌になる。

石垣島は八重山諸島のなかでもリゾートホテルが多く、自然豊かな郊外に点在する。マリンスポーツの楽しめるプライベートビーチをはじめ、体験ダイビングやサンセットクルーズなどアクティビティも充実している。

川平／リゾートホテル ★
クラブメッド 石垣島 カビラ
くらぶめっど いしがきじま かびら

地図p.47-C
石垣空港から送迎 🚗40分

石垣島随一の名勝地、川平湾のある半島の北部、透明度抜群の海を見おろすロケーション。クラブメッドは世界70ヶ所にリゾートを展開し、日本では北海道に続く2番目に誕生した施設。世界中から集まったスタッフ（ジーオー：ジェントル・オーガナイザー）の演出により、インターナショナルな

雰囲気が漂う。航空運賃、宿泊費、食事、スポーツアクティビティやショー、バーでの飲み物やスナックタイムの軽食などが含まれていて、オールインクルーシブエクスペリエンスの滞在を提供。

🎵 0088-21-7008
ℹ 1999年開業／181室
🅰 オールインクルーシブエクスペリエンス
　　1泊4名1室利用（1名料金）4万2000円〜
※ 施設：レストラン、バー、
　　フィットネスセンター、シアター、屋外プール、
　　スカッシュコートなど
　　アクティビティ：シュノーケリング、
　　ウインドサーフィン、シーカヤック、
　　アーチェリー、空中ブランコなど

真栄里／リゾートホテル 🌙 ⭐

ANAインターコンチネンタル石垣リゾート
えーえぬえーいんたーこんちねんたるいしがきりぞーと

地図p.47-F
石垣空港から🚌20分

　400mの白砂が続くマエサトビーチに面したリゾートホテル。9万坪の敷地には帆船をイメージした壮大なタワーウィング、寛ぎを重視したコーラルウィングをはじめ、ビーチ隣接の立地を生かしたマリンアクティビティやプール、レストランやバー、などの施設も充実。1階の「Spa Agarosa（スパ アガローザ）」では、海水を利用したジェットバスやフットバス、石垣島の海藻やフルーツを使用したパックやトリートメントなどが人気。

🎵 0980-88-7111
ℹ 2009年リニューアル／255室
💰 ベストフレキシブルレート（要問合せ）
※ 施設レストラン6店（和・洋・中・鉄板焼き）、
　 ラウンジ＆バー
　 インドアプール（ジャグジーあり）
　 アウトドアプール（ウォータースライダーや
　 キッズプール併設）
　 ジム（靴貸出あり）、バス＆サウナ
　 キッズクラブ（お子様専用のアクティビティ施設）

トロピカルカクテルやパフェが楽しめるバーテラス

美ら島の恵みでゆったりとした島時間を

ベッドから大きな窓越しに海が見えるタワーウィングのゲストルーム（全室40㎡以上）

海水を取り入れたインドアプールは通年楽しめる

🌙 舟蔵／リゾートホテル ⭐

グランヴィリオリゾート石垣島グランヴィリオガーデン
ぐらんゔぃりおりぞーといしがきじまぐらんゔぃりおがーでん

地図p.47-E
石垣空港から🚗40分

ルートイングループが手がけるリゾートホテル。利便性やコスト、設備などの点から人気が高い。客室の大部分がオーシャンビュー。眼前に竹富島、さらに小浜島、西表島の3つの島が見渡せる。ゲストルームはフローリングで、アジア風の家具が配されて

いる部屋も。ロフト付きのファミリールームも完備。また、サウナや岩盤浴、星を観望できる露天風呂を備えた大浴場や琉球リゾートスパ「パナ・ン」もある。

📞 0980-88-0030
🛈 2008年開業／200室
💴 1泊朝食付1万7000円〜
※ 施設：レストラン、カフェバー、カラオケルーム
　　屋内外プール、露天風呂付大浴場、売店
　　アクティビティ：ツアーデスクで受付

🌙 冨崎／リゾートホテル ⭐

フサキビーチリゾート ホテル&ヴィラズ

地図p.47-E
石垣空港から🚗35分

天然ビーチへは部屋から歩いてすぐ。琉球赤瓦のコテージが建ち並び、亜熱帯の色鮮やかな植物があふれる南国ムードたっぷりの世界。ビーチではSUP、クリアカヤックなど話題のアクティビティが充実している。空港への無料送迎バスも運行。

足元にはサンゴが広がる

島で随一のサンセットスポット

📞 0980-88-7000
🛈 1982年開業／195室
💴 1泊朝食付2万9409円〜

底地ビーチ／リゾートホテル

石垣シーサイドホテル
いしがきしーさいどほてる

地図p.47-C
石垣空港から🚗35分

　底地ビーチを望むオーシャンビュー。海に沈む夕日をバルコニーから眺めるのも格別だ。サンセットバーベキュー（3900円～）が楽しめるプールサイドテラスや、和、洋、琉球料理バイキングのメインレストラン「モラモラ」など飲食部門も充実。

底地ビーチの目の前

部屋からの眺めも素晴らしい

🎵 0980-88-2421
ℹ 1983年開業／108室
💴 1泊2食付1万5000円～
※ 施設：レストラン、ティーラウンジ、大浴場など

宮良／リゾートホテル

沖縄かりゆしリゾートエグゼス石垣
おきなわかりゆしりぞーとえぐぜすいしがき

地図p.47-F
石垣空港から🚗10分

　宮良湾の近くに建つ。客室はすべてスイートタイプで、スタンダードでも58㎡の広さ。全室南向きで、バルコニーからは海が見渡せる。展望風呂付きのデラックスルームもある。創作料理のレストランや、エステサロンまである。

🎵 0980-86-8001
ℹ 2015年7月リブランド／50室
💴 1泊2食付2万5000円～
※ 施設：レストラン、エステサロン、ジム、屋外プール

新川／リゾートホテル

石垣島ビーチホテルサンシャイン
いしがきじまびーちほてるさんしゃいん

地図p.47-E
石垣空港から🚗30分

　市街地からクルマで10分、竹富島や西表島などを一望する西海岸沿い。露天風呂付き展望大浴場「ゆんたくぬ湯」があり、手足をのばしてゆったりくつろげる。夕食は和洋、和琉などの会席料理など。プールサイドのテラスでバーベキューが楽しめる。

🎵 0980-82-8611
ℹ 1979年開業／116室
💴 1泊朝食付1万1000円～
※ 施設：レストラン、大浴場、露天風呂、プールなど

シティホテル・ビジネスホテル

シティホテル、ビジネスホテルは交通の便のよい市街地に集中している。食事や喫茶だけでも気軽に利用できるホテルもある。ビジネスホテルはパンとコーヒーといった簡単な朝食がサービスされるところが多い。

石垣市新川 ★

ホテルグランビュー石垣新川
ほてるぐらんびゅーいしがきあらかわ

地図p.47-E
離島ターミナルから🚗5分

市街地の真ん中, 730交差点にあって石垣島のランドマークだったホテルグランビュー石垣は建て替えでホテルグランビュー石垣 The First として2023年にリニューアルオープン予定。グランビューはもう1軒あって、石垣島有数の夕日スポット新川川河口を望むロケーション。

☎ 0980-82-7070
¥ 1泊朝食付1万円〜

🌙 石垣タウン ★

アートホテル石垣島
あーとほてるいしがきじま

地図p.47-E
離島ターミナルから🚗5分

石垣市街地の高台に位置する静かなロケーションにあり、離島ターミナルや公設市場など中心市街地へ徒歩圏内。2017年4月全館リニューアルした、落ち着いた雰囲気のアーバンリゾートホテル。毎晩開催の参加無料、島唄、民謡「結心(ゆいぐくる)ライブ」や、地下水をくみ上げ、ろ過した超軟水の大浴場。リラクゼ

ーションスパなど、充実の施設とサービスで快適な島時間を過ごせるところも魅力的。

☎ 0980-83-3311
ℹ 2017年4月リブランド／245室
¥ 1泊2食付1万1000円〜
※ 施設：レストラン、カフェ、バー、大浴場、スパ、屋外プール、売店、コインランドリーなど、アクティビティ：リゾートラウンジ内ツアーデスクでご提案、サンセットクルーズ、体験ダイビング、フィッシングなど

🌙 石垣タウン ★

ルートイングランティア石垣
るーといんぐらんてぃあいしがき

地図p.48-E
離島ターミナルから🚶13分

石垣市の中心繁華街からもほど近く、観光仕様のゆったりとしたつくりが魅力的なホテル。本館1階には活性石人

工温泉の大浴場があり、旅の疲れを癒せるところもうれしい。朝食は和洋琉のバイキング形式で、日替わりの沖縄料理や焼きたてのパンもある。

☎ 050-5864-0361
ℹ 191室
¥ シングル8710円〜、
　ツイン1万800円〜、

石垣タウン
ホテルパティーナ石垣島
ほてるぱてぃーないしがきじま

地図p.49-L
離島ターミナルから🚶8分

　宿泊料金はリーズナブルでありながらも、フローリング仕様のフロア、バリ島のオーダーメイド家具など、客室はおしゃれな南国テイスト。離島ターミナルや公設市場などへも徒歩圏内という便利なロケーション。レンタサイクル、洗濯機の利用は無料。柔軟剤

やミストなども無料で使用することができ、細やかな心遣いが気持ちいいホテル。リピーターが多いのもうなずける。

♪ 0980-87-7400
❶ 2008年開業／27室
¥ 1泊朝食付
　シングル9375円、
　ツイン1万2330円

石垣タウン
ホテルベルハーモニー石垣島
ほてるべるはーもにーいしがきじま

地図p.49-G
離島ターミナルから🚶5分

　八重山郵便局の裏手にあり、公設市場や離島ターミナルにも近い。スペイン風の家具が置かれた客室はパステルカラーでまとめられ、爽やかな雰囲気。グループ、一人旅にも向いている。屋上には水着着用のジャグジーがある。

♪ 0980-82-0800
❶ 1997年開業／28室
¥ 1泊朝食付9300円〜

石垣島

石垣タウン
石垣島ホテルククル
いしがきじまほてるくくる

地図p.49-G
離島ターミナルから🚶2分

　やいま大通りに面していて、繁華街、離島ターミナルや公設市場にも近い。ククルとは沖縄の言葉で「心」という意味。女性デザイナーが設計したという客室は、ナチュラルテイストのインテリアで装飾される。天井が高く、広々と感じる。キッチン付の客室もあ

るダイバーズルームやコインランドリーあり。マッサージサロンもあり、充実したホテルライフを過ごせる。

♪ 0980-82-3380
❶ 2009年リニューアル
　／45室
¥ 1泊朝食付
　シングル1万3600円、
　ツイン1万1576円〜

石垣タウン
ホテルイーストチャイナシー

地図p.49-G
離島ターミナルから🚶3分

　離島ターミナルに近く、テラスからは石垣港を眺望できる。ジュニアツイン、ツイン、海を眺める浴室のあるデラックスルームなど、客室はバラエティに富む。ビアテラス「ポルト アズーロ」がある。

♪ 0980-88-1155
❶ 2004年開業／79室
¥ 1泊朝食付1万円〜

民宿・ペンション

民宿やペンションは、石垣タウン、川平地区、白保地区などに多い。空港や港からの送迎がない宿がほとんど。また、混雑時はまれに相部屋になることもあるので、事前に確認しておこう。

石垣タウン ⭐

民宿楽天屋
みんしゅくらくてんや

地図p.49-C
離島ターミナルから 🚶5分

木造2階建てで古い風情がある。町の中心ながら、草木の香りが心地いい。鍵付きで門限はない。赤瓦の別館あり。

📞 0980-83-8713
ℹ️ 10室
💴 素泊まり3000円～

石垣タウン ⭐

ペンションニュー浜乃荘
ぺんしょんにゅーはまのそう

地図p.48-I
離島ターミナルから 🚶15分

市街地と離島ターミナルに近い立地でアクセス良好。繁華街へも徒歩15分で、周りは

石垣タウン ⭐

島宿月桃屋
しまやどげっとうや

地図p.48-I
離島ターミナルから 🚶10分

浜崎町の市街地に建つ素泊まり民宿。施設は、清潔で明るく、旅慣れた旅行者にリピーターが多く、離島などの情報交換も活発。鍵付きの個室のほか、男女別のドミトリー（1泊3000円）もある。洗濯機や冷蔵庫、電子レンジは無料で利用できる。自転車（1時間100円）も借りられる。

📞 0980-83-9725
ℹ️ 7室
💴 個室3900円（1名利用）、
　 3300円（2名利用時の1名料金）

閑静な住宅街だ。エアチャージ施設を完備しているHAMAマリンサービスを併設。10tのダイビングボートで石垣島周辺はもとより、竹富島、黒島、西表島へと広いエリアをカバーしているので、ダイビング目的の来島にも便利だ。

📞 0980-82-4641
💴 素泊まり4500円～

白保 ⭐

民宿八重山荘
みんしゅくやえやまそう

地図p.49-C
離島ターミナルから 🚶10分

バスターミナル、離島ターミナル、公設市場・商店街など、どこへも徒歩圏内で便利。全室カギ付個室で液晶TV/エアコン・ドライヤー・冷蔵庫・無線LAN完備。朝食はゴーヤー、パパイヤなど地元素材の家庭料理を提供。

📞 0980-82-3231
ℹ️ 13室
💴 素泊まり4100円～

川平 ⭐

民宿前高屋
みんしゅくまえたかや

地図p.47-A
石垣空港から 🚗30分

川平湾を眺望する、広々としたオープンデッキは他に無く、自慢。ここで、夕涼みや月夜を楽しむのも格別。全室がオーシャンビューの和室。夕食は、家庭料理が味わえる。洗濯機使用は無料。

📞 0980-88-2251
ℹ️ 9室
💴 1泊朝食付6000円

	施設名	情報
石垣タウン	南の美ら花 ホテルミヤヒラ	☎0980-82-6111 ／ 📍地図：p.48-F ／ 💰1泊朝食付1万10円〜 ●離島ターミナル前のシティホテル。1階に売店や大浴場完備。
	アパホテル石垣島	☎0980-82-2000 ／ 📍地図：p.49-L ／ 💰1泊朝食付7000円〜（2名利用） ●シングルがメインのビジネスホテル。2名利用の場合は1名5860円〜。
	ホテルピースアイランド 石垣イン八島	☎0980-82-0600 ／ 📍地図：p.49-L ／ 💰1泊朝食付シングル7200円〜 ●9階建てホテル。長期滞在に便利で、5泊以上は、ウィークリー料金になる。
	ホテルチューリップ 石垣島	☎0980-83-8060 ／ 📍地図：p.49-L ／ 💰1泊朝食付シングル8100円〜 ●洗濯機と乾燥機の利用、貸し自転車、インターネットの接続が無料。
	ベッセルホテル石垣島	☎0980-88-0101 ／ 📍地図：p.48-I ／ 💰1泊朝食付7300円〜 ●ベッドは150センチのクイーンサイズ。バスと洗面台はセパレート。
	東横イン石垣島	☎0980-88-1045 ／ 📍地図：p.48-I ／ 💰1泊朝食付シングル5800円〜 ●離島ターミナルから🚢15分。チェックイン16:00〜
	スーパーホテル石垣島	☎0980-83-9000 ／ 📍地図：p.48-B ／ 💰1泊6400円〜（朝食サービス付） ●低料金に徹した全室シングルのビジネスホテル。予約割引あり。
	ホテルオリーブ	☎080-3183-7043 ／ 📍地図：p49-G ／ 💰シングル5400円〜、ツイン9800円〜 ●離島ターミナルから徒歩約1分、立地抜群の小さなホテル。焼きたて自家製パンの朝食が人気だ。
	ホテルエメラルド アイル石垣島	☎0980-82-2111 ／ 📍地図：p48-F ／ 💰シングル8690円〜、ツイン9240円〜 ●離島ターミナルから徒歩3分。石垣島のクリエイティブの中心地として、島内外のクリエイターの作品を展示したり、創作や発表の場を提供している。
	The BREAKFAST HOTEL PORTO石垣島	☎0980-87-9010 ／ 📍地図：p49-H ／ 💰ホテル棟ツイン1万円〜 ●暮らすように滞在できるコンド棟と目的に合わせて選べるホテル棟がある。朝食バイキングも人気。
	民宿たまき荘	☎0980-82-2332 ／ 📍地図：p49-H ／ 💰素泊まり3000円 ●バスターミナル・石垣港離島ターミナルから徒歩10分の立地。ひとり旅も歓迎してくれる。
	民宿まつや	☎0980-82-3455 ／ 📍地図：p49-G ／ 💰素泊まり4000円 ●和室14室で、最大10名まで一緒に泊まれ、相部屋になることはない。離島ターミナルから徒歩5分。
	ゲストハウス ちゅらククル石垣島	☎0980-87-5558 ／ 📍地図：p48-A ／ 💰素泊まり3525円〜 ●個室、BOX、グループの3タイプの部屋を揃える。共用スペースも充実。
	美ら宿石垣島	☎0980-84-2611 ／ 📍地図：p49-G ／ 💰素泊まり1800円〜 ●ユーグレナモール内にあるドミトリーゲストハウス。バストイレ共同。
	やいま日和	☎0980-88-5578 ／ 📍地図：p.48-F ／ 💰素泊まり6550円〜 ●繁華街のど真ん中。バスターミナルと離島ターミナルの近く。Wi-Fi完備。
	ぷちハウス	☎0980-83-6292 ／ 📍地図：p47-E ／ 💰素泊まり5000円〜 ●市街中心地にある一軒家を丸ごと貸切りの宿。無料レンタサイクルあり。
川平	上や	☎0980-88-2717 ／ 📍地図：p.47-A ／ 💰素泊まりシングル7150円〜 ●川平湾へ🚢3分。屋上からは湾を一望する。客室はバス・トイレ付き。
	民宿大浜荘	☎0980-88-2347 ／ 📍地図：p.47-A ／ 💰1泊2食付5500円〜 ●川平湾まで🚢3分。収容人員50名の老舗の民宿。ダイビングの拠点にも人気。
米原	民宿花城	☎0980-88-2568 ／ 📍地図：p.47-D ／ 💰1泊2食付7000円 ●米原ビーチの目の前に建つ。館内は広々。冷蔵庫、テレビ、エアコン無料。
白保	石垣島villa7716	☎050-3816-7322 ／ 📍地図：p.47-F ／ 💰1棟3万2000円〜 ●白保海岸まで徒歩10分の立地。1棟貸しで広さ2LDK95㎡に庭もつき、煉瓦造りのバーベキューも利用できる。
玉取	島の休日 ヨイサーマー	☎0980-87-5654（事務所） ／ 📍地図：p47-D ／ 💰1泊3万9000円〜 ●1日1組限定貸切りログハウス。無料Wi-Fi、BBQセットあり（オプションで食材手配）。
明石	月桃の宿あかいし	☎0980-89-2922 ／ 📍地図：p.47-B ／ 💰1泊2食付5500〜6500円 ●建物は八重山の伝統的な建築様式。手つかずの美しい海まで歩いてすぐ。

石垣島

海で、川で！ 自然を満喫
マリン・フィールドアクティビティ

島の自然をしっかり楽しませてくれる頼もしい存在！
それぞれに得意分野があるため
季節や体力、気分に応じてメニューや行き先を
検討してくれるありがたいショップが多くある

分類	ショップ	内容
ダイビング	トムソーヤ ☎0980-83-4677	【石垣タウン】レベル別に分けてガイド。クルージングなども実施◆半日体験ダイビング1万2500円◆2ボートダイブ1万5000円◆サンセットクルーズBBQ1万2000円
ダイビング	ダイビングスクール海講座 ☎0980-88-2434	【川平】経験豊かなガイドがサービス◆体験ダイビング（1日）2万3000円・（半日）1万8000円◆2ボートダイブ1万6000円◆半日シュノーケリング8000円
ダイビング	さうすぽいんと ☎0980-88-2277	【川平】初心者向けマンタスクランブルをはじめポイントは多数◆体験ダイビング1万6500円◆2ボートダイブ2万2000円◆シュノーケリング9000円
ダイビング	マリンショップtaitai ☎0980-82-0950	【新川】シュノーケル、体験ダイビング、FUNダイビングそれぞれ担当スタッフがいる。◆体験ダイビング1ダイブ＋シュノーケリング1万6000円◆マンタチャレンジ。ライセンスがなくてもマンタに会えるコース2万2000円
ダイビング	Ocean Studio ☎0980-87-5561	【川平】ゲストハウスとカフェを併設。◆体験ダイビング半日1本＋シュノーケリング1万5000円◆体験ダイビング午前2本2万5000円◆体験ダイビング1日3本3万円◆ボートシュノーケリング1万2000円
シュノーケル・クルージング・体験フィッシング	ビッグビーチ石垣島 ☎0980-87-0454	【大浜】多方面へのシュノーケリングツアーや洞窟探検、SUPなど、多様なメニュー。◆ウミガメに会いに行こう◆SUP体験1万6000円◆青の洞窟ウミガメシュノーケリング7000円。防水・水中カメラレンタル無料。
シュノーケル・クルージング・体験フィッシング	ハミングバード ☎0980-88-5007	【石垣タウン】◆シュノーケルツアー＋1日コース8500円・半日コース6000円◆シュノーケルチャーター（6時間）7万円
シュノーケル・クルージング・体験フィッシング	シーマール ☎090-6868-1075	【石垣タウン】◆チャーターショートセーリング3人まで3万円◆チャーターサンセットセーリング3人まで3万円◆チャーター1日セーリング3人まで7万円
シュノーケル・クルージング・体験フィッシング	南の島の冒険屋さんHanalee ☎0980-82-8727	【石垣タウン】◆石垣島サンセットクルージング（約2時間）6000円（ビール、ワイン、ソフトドリンク、保険付）
シュノーケル・クルージング・体験フィッシング	石垣島レジャーガイドESCAPE ☎0980-87-0822	【宮良】◆体験五目釣り半日コース1万1000円◆シーカヤック＆マングローブカヤックコース4500円
シュノーケル・クルージング・体験フィッシング	ブルーコーラル ☎0980-86-7799	【白保】白保シュノーケルツアー半日6000円（3点セット、ウェットスーツのレンタル込）※器材持ち込みの場合は4000円
グラスボート	川平マリンサービス ☎0980-88-2335	【川平】◆川平湾グラスボート遊覧（30分）1200円
グラスボート	まりんはうすぐるくん ☎0980-88-2898	【川平】◆川平湾グラスボート遊覧（30分）1200円。
カヌー・ネイチャーガイド	スポッター石垣島ネイチャーガイドサービス ☎090-4714-8083	◆石垣島バードウォッチング1日ツアーコース1万2000円◆石垣島バードウォッチング半日ツアーコース8000円◆石垣島ナイトツアー（自然体験＆バードウォッチング）4000円
カヌー・ネイチャーガイド	ふくみみ ☎0980-89-2555	【野底】小さな子供のいる家族連れや体力のない人でものんびりペースで楽しめる。◆石垣島自然体験ツアー（シュノーケリング、マングローブウォークなど）1日1万円
カヌー・ネイチャーガイド	みやら川観光エコステーション ☎0980-86-7079	【宮良】国指定天然記念物の宮良川ヒルギ群落のある宮良が拠点◆のんびり体験コース（3時間）5500円◆サンセットカヤック体験コース（1時間）3500円
カヌー・ネイチャーガイド	まるまるりん ☎080-6483-8210	【離島ターミナル集合】◆マングローブカヤックorサッププラン◆サンセット＆ナイトプラン◆川平湾カヤックorサッププラン各9800円

竹富島

エリアの魅力

ネイチャー
★★
赤瓦
★★★★★
リゾート
★★

エリアデータ

標高
21m
面積
5.42㎢
周囲
9.2 km

人口
342人

竹富島

島人によって守られている
美しい町並み

　石垣島の南西約6km、高速船でわずか10分のところにある。山も川もない平坦な島で、古くは八重山の中心となる行政府があった。赤瓦の屋根、シーサー、サンゴの石垣など、集落はまるごと国の重要伝統的建造物群保存地区に指定され、島の人々によってその景観や文化を継承している。今も生活の場であることが感慨深い。

問い合わせ先

● 観光全般
p.22参照
● 高速船
八重山観光フェリー
📞0980-82-5010
安栄観光
📞0980-83-0055
石垣島ドリーム観光
📞0980-84-3178
● 路線バス
竹富島交通
📞0980-85-2154
● タクシー
友利観光
📞080-2751-3229

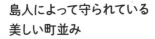
竹富島への行き方

高速船
所要約10分
790円

石垣島

離島ターミナル

竹富島

竹富港

島内の交通 [レンタバイク・レンタサイクル・タクシー]

　港から集落まで歩くと20分。高速船の発着に合わせて民宿や観光会社のマイクロバスが待機して、送迎してくれる。このほか、港と集落を結ぶ循環バス（300円・要予約）、タクシー店が一軒ある。

てぇどぅんかりゆし館

HINT

竹富島・過ごし方のヒント

美しい町並みは港から歩いて20分の島の中心部にある。アイノタ（東集落）、インノタ（西集落）と、ンブフルの丘の南に広がるナージ（仲筋）の3つの集落に分かれている。自転車でまわるのにちょうどいい広さ。急ぎ足なら半日あれば十分。時間があれば、白砂の道をシャリシャリと寄り道しながら歩くのがおすすめだ。

形や表情が異なる屋根の上のシーサーたちを観察して歩くのも楽しい。魔除けとして家を守るシーサーの数は竹富島では100を超えるという。

●ビーチ情報

コンドイビーチは真っ白い砂浜と青い海がまぶしい。ひたすら遠浅の砂地なので、シュノーケルよりもぱしゃぱしゃと水遊びするのに適している。無料のシャワーと更衣室があり、シーズン中はパラソルのレンタルや飲み物などを扱う移動パーラーが出ている。日帰りなら港から片道300円の循環バス（要予約、p.71参照）を利用しよう。北岬やカイジ浜は流れが速いので遊泳禁止。

POINT

御嶽について

島には30近い御嶽があり、豊年豊作、航海安全、芸術、子孫繁栄などを司るそれぞれの神をまつっている。すべての御嶽は聖地なので、祠のなかや奥まで入ったりしてはならない。

夕日を眺める名所

静かなたたずまいの西桟橋からの夕日は美しい。竹富港のある東桟橋とは対照的な静けさで、海を眺めてのんびりするには最適。

海岸で星砂探し

潮の流れの関係で星砂が多く流れつくのはカイジ浜。別名を星砂の浜。星砂は有孔虫という生物の死骸だ。

島めぐりの下調べ

竹富島ゆがふ館は島の歴史や自然、歌や昔ばなしまで解説するビジターセンター。8:00～17:00、無料、♪0980-85-2488。

1:45,000
0　　　500m

N

ミシャシ

P.81 やど家たけのこ
P.78 ガーデンあさひ
P.73 なごみの塔
P.72 アイランド

ホテルピースアイランド竹富島 P.80
竹富島ゆがふ館 M
船客ターミナルへ
石垣島へ
竹富港

喜宝院蒐集館 P.73
M 竹富民芸館 P.73
西塘御嶽

P.72 西桟橋・
安里屋クヤマ生誕の地 P.73
竹富郵便局
竹富小・中 74-75

仲筋井戸
ンブフルの丘
豊見城跡

P.72
コンドイビーチ

南潮庵 P.79
五香屋 P.79

ヴィラ別邸
仲筋
民宿すかぶら
P.80 星のや竹富島 H

竹富町

蔵元跡
カイジ浜 P.72
西表石垣国立公園
星砂
アイヤル浜

星砂
竹富組合牧場
エビ養殖場

♪徒歩10分

なごみの塔
なごみのとう

地図 p.74 B-2
竹富港から🚶20分

　赤山公園の丘の上に建つ展望台。もともと、ここに上ってメガホンで連絡事項を集落の人々に知らせるための塔だった。てっぺんの高さは24ｍあり、島の最高地点。老朽化のため、残念ながら上に登ることはできないが、塔の下からでも赤瓦屋根の集落を見おろせるスポット。

水牛車観光
すいぎゅうしゃかんこう

地図 p.74 B-1、p.75 C-3
新田観光は竹富港から🚶25分
竹富観光センターは竹富港から🚶20分

　竹富島の名物のひとつ。長い角をもつ真っ黒な水牛は、訓練の末、コースを理解していてゆっくり歩を進める。ガイド役のオジィ（若い青年もいる）は、島の人口についてや、自然の話などをユーモアたっぷりに説明してくれて、安里屋クヤマ生誕の地などの見どころをひとめぐり。最後はガイドが三線を取り出し『安里屋ユンタ』を披露する。

🎵 0980-85-2998（竹富観光センター）
🎵 0980-85-2103（新田観光※当面臨時休業）
🕘 9:00〜16:00頃　休 無休
💴 3000円　※ 所要時間約30分。
※どちらも港からの専用送迎バスを利用できる。

喜宝院蒐集館
きほういんしゅうしゅうかん

地図 p.74 A-1
竹富港から🚶25分

　日本最南端にあるお寺、喜宝院の一角で、先代の住職が集めた収蔵品4000点を展示。その内842点が国の有形民俗文化財に登録されている。人頭税時代に使われた貢納用具や種子取祭の古い舞台衣装、葬列で実際に使用された派手な色彩の御輿など、興味深いものが多い。かつて文字の使用が禁じられていた島民が考え出したワラを使った縄文字「藁算」も貴重な文化資料のひとつ。館長の上勢頭さんによるユニークな語り口による丁寧でわかりやすい説明をじっくり聞きたい。

🎵 なし　🕘 9:00〜17:00
休 不定（種子取祭期間は休）
💴 300円

竹富民芸館
たけとみみんげいかん

地図 p.75 C-1
竹富港から🚶20分

　芭蕉布、みんさー織など伝統織物を正しく受け継ぐために、島の人が自主的に運営している工房。製作の様子が見学できるほか、織物を安価で買える。みんさー織のミニテーブルセンターは1000円前後。

🎵 0980-85-2302
🕘 9:00〜17:00
休 不定

安里屋クヤマ生誕の地
あさどやくやませいたんのち

地図 p.74 B-2
竹富港から🚶22分

　有名な民謡『安里屋ユンタ』に出てくる絶世の美女、クヤマは竹富島で生まれた実在の人物。集落には生誕の地がある。外からのみ見学可能。西桟橋の手前の道を北に向かうとクヤマの墓もある。

P.73 喜宝院蒐集館

やらぼ Ⓡ

とも倉 Ⓢ

Ⓢ あかばな

小物の店泉房

新田観光

P.73 新田観光水牛車のりば

水牛車パーキング

そば処
竹の子
P.78

世持御嶽

WC

グリルガーデン Ⓡ
たるりや P.78

ゲストハウス
たけとみ P.81

泉屋
P.81

縄文屋 Ⓢ

Ⓡ nagom
cafe
Haa Y
P.78

Ⓗ のはら荘 P.81

いんのた会館

さぶな家 Ⓗ

なごみの塔

赤山公園

P.80 新田荘 Ⓗ

Ⓡ カフェ
てぇどんしだめ一館

安里屋クヤマ生誕の地 P.73

Ⓗ 小浜荘

Ⓗ 竹富ゲストハウス&
ジュテーム

竹富保育所

竹富診療所

（ここから徒歩5分）
西桟橋へ→

A

B

1

2

3

A

B

74

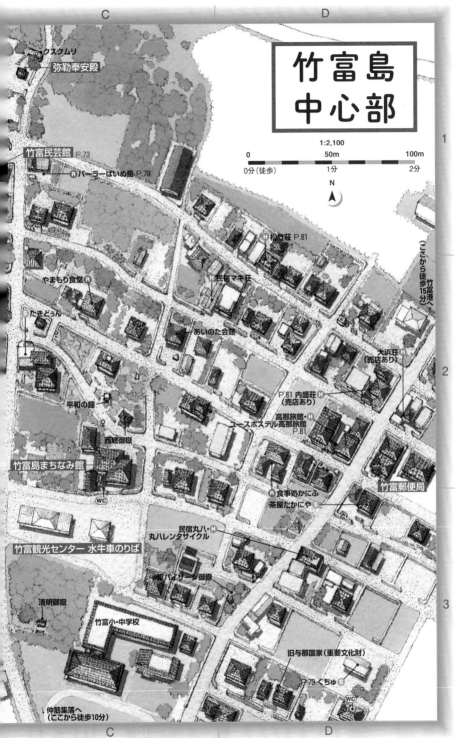

竹富島
中心部

1:2,100

0   50m   100m
0分（徒歩）   1分   2分

N

クスクムリ
弥勒奉安殿

竹富民芸館 P.73
Ⓡパーラーぱいぬ島 P.78

Ⓡ松竹荘 P.81

民宿マキ荘

やまもり食堂 Ⓡ

Ⓢたきどぅん

あいのた会館

大浜荘 Ⓗ
（売店あり）

平和の鐘

P.81 内盛荘 Ⓗ
（売店あり）

西塘御嶽

高那旅館・
ユースホステル高那旅館
P.81

竹富島まちなみ館

WC

竹富郵便局

Ⓡ食事処かにふ
茶屋たかにや Ⓢ

民宿丸八 Ⓗ
丸八レンタサイクル

竹富観光センター 水牛車のりば

清明御嶽

ウミイサーシ御嶽

竹富小・中学校

旧与那国家（重要文化財）

P.79 くちゅ Ⓢ

WC

仲筋集落へ
（ここから徒歩10分）

竹富港へ
（ここから徒歩15分）

C   D

75

"旅の一枚"を
より鮮やかに！

写真家・北島清隆の

島の思い出を
美しく撮る
ワンポイント講座

竹富島編

竹富島へはよく撮影に行きますが、コンドイビーチはお気に入りの場所のひとつ。潮が引けば遠浅の砂地が現れますし、満ちていても絵になります。集落内は歩いて回るのがおすすめ。"うりずん"という5月〜7月頃には、庭先の花が美しく咲きます。

波を撮ろう

いろいろな角度から撮ってみる

どこまでも続く真っ白な砂浜であるコンドイビーチ。最初に見て感動した気持ちを大切にまず一枚撮影し、冷静に周りをよく見渡してみてください。遠めに見ると気づかないかもしれませんが、近づくと意外にゴミがあったりします。ゴミを拾って再度撮影します。このとき、縦や横に撮ったり、しゃがんでみたり、角度を変えてみるとバリエーションが増えますよ。

POINT

波はひとつとして同じものはありませんので、数多く撮ってみることです。

『遠浅の瞬間』

花を撮ろう

マクロモードやフォーカスロックで雰囲気のある一枚に！

いたるところで花が咲く竹富島。たくさんの花が咲く情景を撮るには、空やシーサーを背景にしてみてもいいでしょう。その際、ズームをワイド側に設定します。気に入った一輪があれば、マクロモードを使ってアップで撮ってみましょう。また、シャッターを半押しにしてピントを合わせた状態にする「フォーカスロック」という手法を使えば、手前の花にピントを合わせ、奥をぼかしたような雰囲気のある写真も撮れます。

POINT

フォーカスロックを使って撮った一例です。

『紅の花』

『魚になってみる』

水中写真を撮ろう

フルオートもしくはスポーツモードで

　竹富沖にも美しいサンゴ礁があります。水中撮影対応の防水ケースがあれば、海の中も撮影可能です。ただし、慣れない水中では相当な神経を使うので、設定はできるだけフルオート、または速くシャッターが切れるスポーツモードにして、シャッターを押すだけの状態にしておきます。そして、あらかじめ自分のカメラの画角（見える範囲）を確認しておくようにしましょう。

POINT　液晶画面で確認しながら、腕を伸ばしてカメラの画角に撮りたい物を入れてみましょう。

生き物を撮ろう

じっくり待って、何枚もシャッターを切る

　八重山諸島は珍しい生き物の宝庫です。竹富島では、集落の中でたくさんの花が咲いていますので、蝶が蜜をすっているところに遭遇しやすいです。日本で見られる蝶類の中では最大級のオオゴマダラ（写真）などに出合えることもありますよ。

『蝶のランチタイム』

POINT　動いている物を撮る時はブレないように、シャッタースピードを速くします。スポーツモードに設定してみましょう。オオゴマダラは比較的ゆっくり羽ばたきます。

町並みを撮ろう

水牛車を撮るなら下見をしてから少し望遠気味に撮影

　竹富島では、琉球赤瓦の美しい家並みを水牛車に乗って観光できます（p.73参照）。もちろん乗って楽しむのもいいですが、水牛車を入れて撮るのもおすすめ。花を近景に入れると鮮やかになります。また、望遠でシーサーのアップを集めてみるのもおもしろいです。

『のんびり島時間』

POINT　水牛車がどのルートを通るのか調べ、花が咲く場所や赤瓦の家並みが美しく見える場所をチェック。そこで水牛車をじっと待ち構えます。少し望遠気味に撮影！

買う＆食べる

HaaYa nagomi-cafe
はーやなごみかふぇ

地図 p.74 B-1
竹富港から🚶20分

　赤瓦の家並みを眺めながらお茶が飲める。窓ごとに違った竹富島の景色が望める。てぃーどんスイーツとドリンクのセットは700円、紅芋アイスパフェ（650円）やマンゴーアイスパフェ（700円）も美味。

📞 0980-85-2253
🕙 10:00〜17:00、
　19:00〜22:00　🈙不定

西集落

グリルガーデン たるりや

地図 p.74 B-1
竹富港から🚶20分

　涼しい風が吹き抜けるオープンエアの食事処。無農薬の古代米を使用した縄文そば（800円）は、つるりとした喉ごし。暑くて食欲がないときにうってつけだ。竹富島特産の車エビのエビフライ（定食1650円）やも人気。夜も営業している。

📞 0980-85-2925
🕙 11:00〜16:00、
　19:00〜24:00
🈙不定

西集落

ガーデンあさひ

地図 p.72
竹富港から🚶20分

　西桟橋へ行く途中にあるレストラン。晴れた日は、島の空気を味わいながら、テラスで食事ができる。自慢のランチは「あさひAセット」1250円。ワンプレートにハンバーグ、車海老フライ、魚フライ、ライスなどが乗って、おまけにミニ八重山そばが付いてくるお得なメニューで、味も抜群。

📞 0980-85-2388
🕙 11:00〜15:00、
　18:00〜21:00
🈙不定

西集落

竹の子
たけのこ

地図 p.74 A-1
竹富港から🚶25分

　八重山そばの老舗で、豚やカツオなどからとるだしが味わい深い。刻んだ肉がのっている八重山そばは普通サイズ800円、小が700円。豚の骨付き肉がジューシーなソーキそば1000円、皮、脂身、赤身のバランスがとれた三枚肉そば1000円も人気だ。焼きそばやカレーライス、ラフテー丼もある。

📞 0980-85-2251
🕙 10:30〜16:00、18:30〜
　（閉店は日によって異なる）
🈙不定

東集落

パーラーぱいぬ島
ぱーらーぱいぬしま

地図 p.75 C-1
竹富港から🚶20分

　木の切り株で作られたテーブルやイスは心地よいセルフ形式の店。かき氷（500円〜）や黒糖はちみつ（600円）。

📞 0980-85-2505
🕙 10:00〜17:00頃　🈙不定

くちゅ

地図 p.75 D-3
竹富港から🚶15分

南国の花や動物をモチーフにした服、雑貨、アクセサリーの店。すべてオリジナルデザイン。カラフルな色合いは、南の島の太陽によく似合う。ろうけつ染めTシャツのほかバティックのハンカチやバンダナも人気。フローズンドリンクの「パラダイスカフェ」も併設している。ガジュマルの下でどうぞ。

📞 090-7903-8742
🕐 11:00〜17:00　🈺 不定

五香屋
ごこうや

地図 p.72
竹富港から🚶25分

静かな仲筋集落にある焼き物の店。鉄分の多い竹富の赤土を使っているのが特徴で、温かみが感じられる。マカイ（お椀）2600円〜。月桃、バナナ、魚など沖縄らしいデザインが目をひく。前日までの予約でシーサー作り体験ができる。所要時間は半日で4000円（送料別）。9:30〜と13:00〜に開催。

📞 0980-85-2833
🕐 10:00〜17:00　🈺 不定

南潮庵
なんちょうあん

地図 p.72
竹富港から🚶25分

ジュズ玉、ハマシタンなどといった竹富島の木の実や天然の素材を使ったアクセサリーの店。かわいらしい木の実や特徴ある漂流物などが使用されていて、材料について質問しながら買ってみるのも楽しい。ネックレスは2900円から。

📞 0980-85-2040
🕐 10:00〜17:00　🈺 不定

竹富島

TEKU TEKU COLUMN

竹富島の町並みの主役
赤瓦の屋敷はこうなっている

島の伝統的な屋敷は門の代わりにヒンプンという衝立が建っている。これは目隠しと魔除けの役目。建物の周囲に、縁側のような空間があるのも特徴で、強い日差しを避けるために軒が長くのばされている。

また、屋敷のまわりには、ゴツゴツとした琉球石灰岩を積んだ石垣がある。漆喰で固めずに、ただ積み上げたものだが、職人が積むとどんな台風にも崩れないという。屋根は赤瓦で、魔除けのシーサーがある。屋敷の裏側ではフクギの木などが木陰をつくっている。

泊まる

夕方6時を過ぎ、石垣への最終の高速船が去ると、島には静寂が訪れる。西桟橋から望むドラマチックな夕日。夜空を飾る天の川、それに競うかのように舞い飛ぶホタル。宿の主人と酌み交わす泡盛、遠くから聴こえてくる三線の音。竹富島の本当の魅力は泊まってこそよくわかる。

民宿の数は10数軒。おもに東集落と西集落にある。どこの宿もよさがあり、それぞれに常連客も少なくない。ほとんどの宿が港から無料送迎を実施しているので、事前に船の時刻を伝えておこう。キャンプは禁止されている。

集落外 ★

星のや竹富島
ほしのやたけとみじま

地図p.72
竹富港から送迎🚗10分

「離島の集落に滞在する」をテーマとした極上リゾート。客室は竹富島にある実際の家々と同じように、伝統を尊重して建てた戸建のスタイルとなっている。伝統建築の基準に則って築かれた3タイプがあり、南側は全面的に開放され、風通しがいい。南に面した

リビングが開放的な板張りタイプ、寝転んだり気ままに過ごせる琉球畳を敷き詰めたタイプなど。開放的なバスタブも気持ちがいい。八重山の大自然や島時間を体感できるさまざまな「島あそび」を毎日用意してあり、島のすべてを満喫できる。

📞0570-073-066
（星のや総合予約）
ℹ️48室
💴1室1泊料金
5万4000円〜（食事別）

🌙 **西集落** ★

ホテルピースアイランド竹富島

地図p.72
竹富港から送迎🚗5分

フェリーターミナルから1km、竹富島の中心部から2kmの立地で、緑が生い茂る中庭を囲むようにコテージが建つ。全

室コテージタイプだから、静かで、プライベートな時間を過ごせる。内壁には沖縄の伝統素材琉球漆喰が使用されている。

📞0980-84-5955

ℹ️20室
💴1泊2食付1万5500円〜

🌙 **西集落** ★

新田荘
にったそう

地図p.74 A-2
竹富港から送迎🚗5分

女将の新田初子さんは島の神事を司る神司のひとり。竹富島の唄や踊り、祭りのことにも詳しい。庭に面して夕涼みにぴったりなテラスがあり、なぜか人なつっこいネコが多い。入り口では赤いシー

サーが出迎える。また、宿泊者は新田観光の水牛車、レンタサイクルが割引になる。

📞0980-85-2201
ℹ️9室
💴1泊2食付6000円

泉屋
いずみや

🌙 西集落 ⭐

地図 p.74 B-1
竹富港から送迎 🚗 5分

　素朴な赤瓦屋根の建物。島の素材を使った手作りの郷土料理も好評で、夕食時にはオリオンビールと泡盛などのサービスあり。また、女性は紅型着物を着用し、持参のカメラで記念撮影できる。

📞 090-5943-5165
ℹ️ 7室
💴 1泊2食付6300円

ゲストハウスたけとみ

🌙 西集落 ⭐

地図 p.74 B-1
竹富港から送迎 🚗 5分

　赤瓦の家屋が敷地内に4棟建つ。和室と洋室（ツイン）があり、全室がバス・トイレ付き。ミニキッチン、冷蔵庫、電子レンジもあるので、自炊したいという旅行者にもおすすめ。

📞 0980-85-2334
ℹ️ 7室
💴 1泊2食付6300円～

松竹荘
まつたけそう

🌙 東集落 ⭐

地図 p.74 D-1
竹富港から送迎 🚗 3分

　風格のある赤瓦の民宿。石垣にはブーゲンビリアが咲くロケーションでお出迎え。島ならではの素材を使った料理が味わえる。

📞 0980-85-2257
ℹ️ 7室
💴 1泊2食付6000円

のはら荘
のはらそう

🌙 西集落 ⭐

地図 p.74 A-1
竹富港から送迎 🚗 5分

　西桟橋へ徒歩3分の赤瓦の民宿。大正時代の建築の母屋は沖縄の伝統的なつくり。小さな庭には一年中花が絶えることがなく、心を和ませてくれる。

📞 0980-85-2252
ℹ️ 8室
💴 1泊2食付6000円

高那旅館
たかなりょかん

🌙 東集落 ⭐

地図 p.75 D-2
竹富港から送迎 🚗 3分

　司馬遼太郎の『街道をゆく』で、著述のある創業60余年の老舗旅館。郵便局からほど近い位置にあり、ユースホステルも併設している。

📞 0980-85-2151
ℹ️ 18室
💴 1泊2食付8800円～、
　ユースホステルは1泊2食付5000円、会員以外は5500円

やど家 たけのこ
やどやたけのこ

🌙 西集落 ⭐

地図 p.72
竹富港から送迎 🚗 3分

　夕日が美しいスポットとして知られる西桟橋の近くにある、1日6組限定の宿。バス・トイレ付。そば処竹の子（P.78）は姉妹店。レンタサイクルは1000円で利用できる。

📞 0980-85-2009
ℹ️ 6室
💴 1泊2食付1万3750円～

種子取祭

[たねどりさい・たなどぅい]

600年の歴史をもつ種子取祭は、国の重要無形文化財に指定されている貴重な祭りだ。9日間のうち、ハイライトとなる7、8日目は水牛車や観光バスもストップし、島は祭り一色になる。

御嶽を前にして繰り広げられる
華やかな踊りや勇壮な演技

化粧や着替えで忙しい舞台裏

夜明けが遅い竹富では6時でもまだ真っ暗。2日間にわたる奉納芸能は、弥勒奉安殿での「ミルクおこし」から始まる。子孫と繁栄の神として崇められているミルク(弥勒)の面をお堂の外に出す神事で、羽織袴姿の島人たちが見守るなか、厳粛なムードで行なわれる。

庭の芸能が始まるのは9時半を過ぎたころ。勇ましい棒術や太鼓の演技で幕が開く。続いて婦人たちによる「マミドーマ」や「ジッチュ」など躍動感にあふれる踊りが続き、ご神木に守られた世持御嶽前の白い庭は華やいだ雰囲気になる。

庭から舞台の芸能に移り、いよいよミルクの神の登場。大勢の子供たちを引き連れている。「○○ちゃん、大きくなったさー」。

子供たちの成長を喜ぶ声が聞こえてきた。島に暮らす人はもちろん島を離れている人たちも戻ってきて、祭りを見守っているのだ。その後も八重山のゆったりした古典舞踊や狂言などが切れ目なく続く。舞台の芸能はこの日だけでも約30。翌日はプログラムが違うので、60余りの演目が奉納される。役者は島人か島出身者で、観光バスの運転手だったり、民宿の女将さんだったりする。この日のために厳しい稽古が行われてきたのだ。

福々しい笑顔のミルク。弥勒菩薩がそのルーツともいわれている

すがすがしい庭の芸能のひとつ「ジッチュ」。片袖を脱いで踊る

夜明け近くまで続くユークイは
豊かな実りや繁栄を招き寄せる

舞台の芸能が終わると、途切れることなく世乞い（ユークイ）へと出発。神司を先頭とする一行が、ドラや太鼓を打ち鳴らして各家をまわる。「この家にもいいことがありますように」という意味があり、誰もが参加することができるのだ。人がたくさん来て

夜通しで各家の福を願ってまわるユークイ

くれるほど、福も多いという。ユークイでは歩きながら「道唄」を、各家の座敷に上がってからは「根下ろしゆんた」などと、決められた唄を歌う。真夜中になるにつれて、唄声がひとつになり、テンションが上がる。

こうしてほとんど夜を徹して各家をまわり、そのまま仮眠をとるだけで、奉納芸能2日目に突入する。恐るべきパワーだ。島の人たちは心から神を崇め、祭りを育んでいる。

ユークイでは各家でタコとニンニクが出される

祭りの間に食べるイイヤチは粟が混ざった餅

種子取祭

世乞い唄
「根下ろしゆんた」

一、ヒヤ　うるずんに　なりょうらば
　　ばがなちに　なりょうらば

二、ヒヤ　ゆしきだぎ　さかりょうり
　　いばんだぎ　さかりょうり

三、ヒヤ　さかりょうりぬ　ういなか
　　むとぅりょうりぬ　ういなか

四、ヒヤ　うふぷいでぃ　しゆらば
　　ながぷいでぃ　しゆらば

（歌の大意）春になり新芽が出る頃、粟が大きく豊富に実るように願っている。余った粟で酒をつくり、神司や姉妹を呼んでおいしくいただこう。この果報を感謝し、神に祈願するという意味。21番まで続く。

HINT
種子取祭を楽しむヒント

●期間中、島の宿はとりにくい。夜間に臨時の高速船が出るので、石垣泊でも世乞い（ユークイ）を見学することも可能。

●芸能の見学席は地元の人専用の部分もあるので確認しよう。写真撮影は禁止されていないが、儀式や行列をさえぎったりしないこと。

●ユークイは、歌詞カードがあるとより参加した気になれる。状況によるが、ユークイの各家でもらえることもある。

●神に奉納する祭りなので、気持ちがあれば寄付を包んで受付へ。

小浜島

エリアの魅力

ネイチャー
★★
赤瓦
★★★
リゾート
★★★★★

エリアデータ

標高
大岳 99m
面積
7.84㎢
周囲
16.6 km

人口
726人

八重山諸島の真ん中にあり、8つの島が見渡せる

島のほぼ中心にある大岳は標高99m。ここではちょっとしたジャングル気分が味わえ、頂上からは与那国島以外の八重山の島じまを展望できる。風にそよぐサトウキビ畑、古い石垣が残る集落、美しい砂浜、マングローブの林など、小さな島に八重山独特の景観が凝縮しているといっていい。NHKのテレビドラマ「ちゅらさん」のロケ地として有名になった。

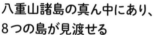

HINT

小浜島への行き方

問い合わせ先

● **観光全般**
p.22参照
● **高速船**
八重山観光フェリー
♪0980-82-5010
安栄観光
♪0980-83-0055
石垣島ドリーム観光
♪0980-84-3178
● **レンタカー、レンタバイク、レンタサイクル**
島のレンタル屋さん結
♪0980-85-3388
小浜島総合案内所
♪0980-85-3571
小浜島観光
♪090-5939-3418

高速船
所要約30分
1400円（片道）

石垣島

離島ターミナル

小浜島

小浜港

小浜島中心部

1:7,700
0   100m

P.86 小浜島
民俗資料館 M

「ちゅらさん」のこはぐら荘
P.88 民宿うふだき荘 H
民宿長田荘
通所介護事業所くまべ
大石商店
小浜駐在所 X
島ダイニングゆうな

小浜染工房・小浜診療所 H

嘉保根御嶽
(カンドゥラ石)
大岳へ

NTT小浜電話交換局
民宿だいく家 P.88
シーサイド
文 小浜小・中
G
金城商店
小浜商店 T
前本商店
喫茶ヤシの木
P.86

ペンション
そらナンヨウ
食事処 結

小浜港へ

徒歩2分

89
嘉弥真島 P.89

村内
N

210

西表石垣国立公園

アカヤ崎

大岳 P.86
▲99.2
P

小浜島総合案内所
マリンサービス光
島のレンタル屋さん結
ヘリポート

船
崎

石垣島ドリーム観光・
八重山観光フェリー
安栄観光

石垣島へ

この辺りから石長
田海岸のマングロ
ーブ林の様子を美
しく望める

P.87 石長田海岸

村内
上図

210

小浜製糖

コハマ交通

小浜港

トゥマールビーチ P.87

小浜島民俗資料館 M
文 小浜小・中

竹富町
小浜

居酒屋あーじゅ P.86
シュガーロード P.86

干潟

Pana Pana P.88
ダイブサイトノグチ
細崎
細崎公民館
展望台

東細崎
ダイビングベースHIGA
民宿比嘉荘

オヤケアカハチの森

東細崎

N

P.88 星野リゾート リゾナーレ小浜島 H

リゾナーレ小浜島CC

小浜島

1:42,000
0   1km

徒歩20分

P.87 ウータ浜
P.87 はいむるぶし H

ビルマ崎

POINT

島内の交通 [タクシー・レンタカー・レンタバイク・レンタサイクル]

　港から集落までは宿泊する宿の送迎か、船会社の送迎バスを利用する。アップダウンがあるので、観光は、レンタバイクか電動式自転車が楽。レンタカーは、1時間単位で貸出してくれる。島内観光バスは、コハマ交通が運行しており、所要約1時間で大岳や細崎などをまわる。1名1500円。9:45、11:05、14:35、15:35発。

HINT

アクティビティ情報

　石西礁湖と呼ばれる石垣島と西表島のサンゴ礁に囲まれた海域の真ん中にあるので、ボートでのシュノーケリングやダイビングポイントへの拠点に便利。嘉弥真島や、干潮のときだけ現れる幻の島へのツアーも出ている。

問い合わせ先

● 島内観光バス
コハマ交通
♪0980-85-3830
● マリンスポーツ
ぷしぃぬしま(小浜島店)
♪0980-85-3500
マリンサービス異島
♪090-8889-4954
海遊びショップHaiSai
♪090-8293-2680

見る＆歩く

大岳
うふだき

地図p.85
小浜港から🚗6分

「うふ」とは大きいの意味で、標高99mの山頂には展望台が完備されている。頂上までは急勾配の階段を上り、約5〜10分。ぐるりと360度見渡せ、サトウキビ畑やマングローブ林、島の輪郭がよくわかる。天気のいい日には波照間島まで展望することができる。島の民謡「小浜節」は、ここからの眺めの素晴らしさ、誇らしさを唄っている。

POINT

てくナビ／急な階段を登って行く。まわりには巨大なクワズイモが自生している。頂上への道は緑が生い茂っているので、森林浴を楽しみながらゆっくり登る。島の人もやってくるので交流も楽しもう。

シュガーロード

地図p.85
小浜港から🚗5分

「はいむるぶし」から集落方面へ向かう、まっすぐにのびた坂道。約2km。両側は牧草地。八重山諸島の島にいることを忘れてしまいそうな風景だ。

小浜島民俗資料館
こはまじまみんぞくしりょうかん

地図p.85中心部
小浜港から🚗5分

小浜島の歴史や島の人の暮らしがわかる私設の資料館。こぢんまりとした民家のなかには琉球王朝時代の民俗資料から戦後の生活用品まで約500点の展示物がところ狭しと並んでいる。祭りで使われる衣装やお面など、珍しいものもある。

📞 0980-85-3465
※休館中、再開時期未定。

買う＆食べる

小浜島／喫茶
喫茶ヤシの木
きっさやしのき

地図p.85中心部
小浜港から🚗5分

ナチュラルなインテリアの喫茶店。島の材木で造ったというイスやテーブルは居心地がいい。カレー、パスタと食事のメニューが豊富で、味のほうも本格派。絵本作家である店主が描いたポストカード（120円）やTシャツ（3300円〜）は、優しい風合いで島の風を感じることができる作品。

📞 0980-85-3253
🕐 10:30〜16:00　🈺水・木曜

小浜島／島料理
居酒屋あーじゅ
いざかやあーじゅ

地図p.85中心部
小浜港から🚗5分

評判のいいあーじゅそばは軟骨、野菜チャンプルー、かまぼこ、ネギがのっていて麺が見えない。宮古味噌がきいたスープも絶品。

📞 0980-85-3271
🕐 18:00〜0:00（22:00LO）
🈺 土曜、島の行事のある日

ビーチ・海岸情報

●トゥマールビーチ…泳ぐなら遠浅で、素朴な弓なりの砂浜が続くこちら。シュノーケリングには向かないが、のんびり過ごすのにちょうどいい浜。更衣室とシャワーが設置されている。

●ウータ浜…島の南にあり、海を眺めてゆったり過ごすのオススメ。絶好の夕日ポイントでもある。

●石長田海岸（いしなーた）…ヨナラ水道を望むところにある湿地帯。マングローブの群落でいろいろな貝がいる。細崎に向かう道から、ヒルギ林と書いた小さな看板がある小道を入っていく。

●細崎（くばざき）…島の南西にある。沖縄本島・糸満から移住した海人の集落が隣接する。南側の海岸は流れが速く危険だが、西表島をすぐそばに眺めることができる海岸は貝殻や漂着物が多く、ビーチコーミングを楽しめる場所だ。

泊まる

民宿の大半は小浜集落にある。島の東部にはリゾートホテルやゴルフ場が広がる。細崎は、静かな漁村の雰囲気。キャンプは禁止。

小浜島

はいむるぶし

地図p.85
小浜港から送迎 🚗 5分

島の東南に広がるビーチリゾート。敷地内には宿泊棟やプールなどがあり、レンタルカートで移動するほどの広さ。ナイトツアーやヨガクラスなどもあり、長期滞在しても飽きることはない。レストランでは、八重山ならではの新鮮な食材を厳選しアレンジした、「ぬちぐすいブッフェ」やバーベキューなどが楽しめる。客室は6タイプあり、なかでも新客室オーシャンビュープレミアは、八重山の伝統と気品が感じられる。47㎡のゆったりした客室。スパや西表島に沈む夕陽を望む展望大浴場もある。写真左はオーシャンビュープレミア、右はホテルの外観。

📞 0980-85-3111
💴 1泊朝食付2万3465円～
ℹ️ 1979年開業／148室／施設：レストラン、バー、屋外プール、スパ、展望大浴場など／アクティビティ：ウエイクボード、マリンジェット、カヌーなど

🌙 小浜島 ⭐

星野リゾート リゾナーレ小浜島
ほしのりぞーとりぞなーれこはまじま

地図 p.85
小浜港から送迎 🚗 10分

海を見下ろすゆるやかな丘に建つ大人のためのリゾート。琉球赤瓦のヴィラが点在している。洗練された客室はプライベート感重視のコテージタイプで、スイートルームには天蓋付きのベッドを配備。スパ専用ルームは全室がオーシャンビューで、沖縄の素材を使った琉球ボディパックが受けられる。屋外プールは3つある。最南端、最西端のティーグランドをもつゴルフコースも併設。

 050-3134-8093
（リゾナーレ予約センター）
¥ 1泊朝食付き2名1室利用
2万2000円〜
ℹ 2020年リオープン／102室／
施設：レストラン、スパ、屋外
プール／アクティビティ：ゴ
ルフ、体験ダイビング、夕暮
れサファリツアー

🌙 小浜島 ⭐

民宿うふだき荘
みんしゅくうふだきそう

地図 p.85中心部
小浜港から送迎 🚗 5分

南島詩人・平田大一がオーナーの民宿。全室鍵つき。エアコン無料。おばぁのサーターアンダギーも人気だ。

📞 0980-85-3243
ℹ 6室
¥ 1泊朝食付4500円〜

🌙 小浜島 ⭐

民宿だいく家
みんしゅくだいくやぁー

地図 p.85中心部
小浜港から送迎 🚗 5分

新しくて清潔な民宿。各室インテリアが異なる。テレビ、エアコン、冷蔵庫が無料で使える。食事処併設。

📞 0980-85-3352
ℹ 6室
¥ 1泊2食付7150円〜

🌙 小浜島 ⭐

PanaPana
ぱなぱな

地図 p.85
小浜港から送迎 🚗 10分

細崎にあるゲストハウス。西表島に沈む夕日を望むロケーション。お昼寝テラスあり。

📞 0980-85-3239
ℹ 5室
¥ 1泊朝食付4800円〜

嘉弥真島

かやまじま　｜　地図 **p.85**

サンゴ礁の海に浮かぶ
無人島で遊ぼう!

嘉弥真島は小浜島の北2kmの位置にある
リゾートアイランド（無人島）。島の大部分
は手つかずの原野で、約500羽を数える野
ウサギのほか、天然記念物のオカヤドカリ
も見られる。周辺のサンゴ礁の海はシュノ
ーケリングに最適。ここを拠点に干潮時だ
け浮かび上がる幻の島にも行くツアーやキ
ャンプなどのアクティビティが楽しめる。

嘉弥真島
1:16,500
0　300m
N

※満潮時は歩けない
ノッチ岩に囲まれた天然のプール
シャコ貝の貝がらが落ちている
星砂が見つかる浜
標高19m。レストハウスから約10分。周辺の島々を見渡せる
遠見の丘
西表石垣国立公園
竹富町
※満潮時は歩けない
夏にはアジサシが卵を産みにくる
のんびりおさんぽの浜
遊泳区域 ふかふかの海
レストハウス
桟橋
せんたく板の浜
水洗トイレ、フットポンプ式のシャワーあり
徒歩6分

嘉弥真島へのアクセスと過ごし方のヒント

嘉弥真島への定期船はなく、小浜島から
のツアー（要予約）で。小浜島からシャトル
ボートで所要10〜20分。

●問い合わせ・予約先／三和トラベル
　☎0980-82-6475
「無人島海水浴1日コース」
9200円【料金に含まれるもの＝往復船代、
昼食（カレー）、保険】所要8時間
「無人島海水浴半日コース」
9200円【料金に含まれるもの＝往復船代、
保険】所要約5時間
「無人島シュノーケル1日コース」
1万200円【料金に含まれるもの＝往復船
代、昼食（カレー）、シュノーケル（器材・ガ
イド）、保険】［シュノーケリング参加条件

シャトルボートが発着
する桟橋

島の最高地点は標高19m
の遠見の丘。島は徒歩約
1時間で一周できる広さ
期間限定でキャンプツア
ーも催行される

＝小学生〜69歳まで］所要約8時間
「無人島カヤマ島＆幻の島　2島めぐり」
1万3000円【料金に含まれるもの＝往復船
代、ランチ、保険】嘉弥真島と真っ白な砂浜
だけの幻の島を1日で2島楽しむ。所要6時
間

黒島

エリアの魅力

ネイチャー
★★★
赤瓦
★★★
リゾート
—

エリアデータ

標高
15m
面積
10.02 km²
周囲
12.6 km

人口
224人

人の数の10倍以上の牛たちが
のんびりと草をはむ

　石垣島の南南西15kmに位置する黒島は、ハート型の形をしていることから「ハートアイランド」の愛称をもつ。周辺の海の美しさは際だっていて、ウミガメの産卵地として知られる西の浜やサンゴの美しい仲本海岸がある。島は平坦で、集落以外は右を見ても左を見ても放牧地。黒毛和牛の子牛や親牛たちがのんびりと群れている。

 HINT

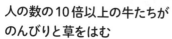

黒島への行き方

高速船
所要約30分
1510円（片道）

石垣島

黒島港

黒島　　　離島ターミナル

POINT

島内の交通 [レンタバイク・レンタサイクル]

　港から仲本集落あたりまで歩くと30分ほどかかる。民宿に宿泊する人は、船の便を告げれば、送迎してくれる。

問い合わせ先

● 観光全般
p.22参照
● 高速船
八重山観光フェリー
♪0980-82-5010
安栄観光
♪0980-83-0055
石垣島ドリーム観光
♪0980-84-3178
● レンタサイクル
まっちゃんおばー
♪080-6497-2323
ハートらんど
♪0980-85-4007

レンタサイクルでも快適

黒島の見どころ

黒島には保里、宮里、仲本、東筋の集落があり、中央にある小・中学校とを結んだ道路が放射状にのびている。島は平坦なのでサイクリングが快適だが、日陰がないので帽子など日除け対策をしよう。黒島灯台や阿名泊に向かう道はのどかでいい。

黒島ビジターセンター

島のサンゴ礁や動植物、古くから伝わる民謡、民具などを詳しく解説。♪0980-85-4149／🕐9:00～17:00（7～9月は17:30まで）、12:00～13:00は昼休み／無休／無料

日本の道100選

東筋から黒島小中学校に向かってのびるまっすぐな道路が日本最南端の100選の道。東筋に碑が建つ。

伊古桟橋

今は使われていないが、桟橋としては異様に長い。近くでは釣りやアーサー採りをする地元の人の姿も見られ、静かな雰囲気。

たま商店

島で唯一の商店。アイスやビール、パン類、日用品などが揃う。

石垣島へ
黒島船客ターミナル
黒島港
まちやー
西の浜
P.93 ウミガメ産卵地
まっちゃんおばーのレンタサイクル
P.93 しま宿南来
保里
多目的広場（牛まつり会場）
牛セリ市場
イサンチャー
伊古桟橋 P.91
仲盛御嶽
阿名泊御嶽
伊古
放牧場
水道記念碑
北神山御嶽
Ⓡ 民宿あーちゃん P.93
黒島小・中 黒島展望台
宮里
P.93 黒島研究所
パームツリー
黒島ビジターセンター P.91
みやぎ荘
黒島局
日本の道100選の道路 P.91
黒島伝統芸能館
たま商店 P.91
放牧場
プズマリ P.91
なかた荘 P.93
Ⓗ 民宿のどか P.93
竹富町
東筋集落
P.93 みやよし荘
Ⓗ 民宿くろしま P.93
比江地御嶽
うんどうや Ⓖ
南見家
仲本
南風保多御嶽
仲本海岸 P.92
西表石垣国立公園
喜屋武御嶽
キャンギチ海中公園
放牧場
黒島灯台 P.91

N
1:54,000
0　　　　1km
♪徒歩20分

プズマリ

17世紀、琉球石灰岩を積んで造られた見張り台。見晴らしがいいが、足場が不安定なので上る際には要注意。

黒島灯台

島の南側に建つ。周囲は岩場だが見通しがよく、開放感たっぷり。ハマユウやテッポウユリ（4～5月）が見られる。

マリンレジャー情報

民宿くろしま内にダイビングサービスクロシマがあり、パナリ（新城島）ツアーも実施。うんどうや（♪090-3012-4308）はシュノーケリングツアー専門店。

魚とサンゴを
ウォッチング

仲本海岸
海中散歩

仲本海岸にはトイレやシャワー、
あずまやなどを完備している

生物保護区となっている仲本海岸は、八重山諸島のなかでも絶好の
自然観察ポイント。シュノーケルですばらしい海を満喫しよう。

リーフとワタンジの地形

　仲本海岸の特徴は、陸側の砂浜と沖合いのリーフをつなぐ浅瀬「ワタンジ」があること。ワタンジは干潮時には露出するため、リーフへの通路として利用されてきた。

　リーフの外側（アウトリーフ）は急斜面になっていて、一気に深く落ち込み、テーブルサンゴなどが生育している。大型の回遊魚なども見られるが、波や流れが出やすいので注意が必要。一方、リーフの内側はイノー（礁池）と呼ばれる天然のプールに変化する。

リーフと陸路をつなぐワタンジ

仲本海岸での遊びかた

　[歩く]ワタンジやリーフの上では足元にナマコやヒトデの仲間などを観察できる。潮時表（p.152参照）を確認して、行動するのは干潮時間の前後2時間が目安。仲本海岸の場合、干潮時はリーフまでの距離は約300m、正面のワタンジの部分だけでも120mある。岩場はすべりやすいので、潮が満ちてきて帰れない、なんてことがないように気をつけよう。

　[泳ぐ]リーフの内側の礁池は潮が引けば平均1〜3m、深いところでも5m。波や流れが少なく初心者向きだ。とくにきれいなのは正面のワタンジから左へ2つめの礁池で、枝サンゴや葉状の美しいサンゴが多い。カスミアジ、クマノミ、スズメダイの仲間をはじめ200種類以上の魚が生息。魚の餌づけポイントもある。

泊まる

新しく居心地のよい民宿が増えている。そのほとんどが宮里、仲本集落に集まる。リピーターも多い。キャンプや野宿は禁止されている。

🌙 仲本 ⭐
民宿くろしま
みんしゅくくろしま

地図p.91
黒島港から送迎🚗6分

仲本海岸に近く、屋上からは星座観察が楽しめる。ダイビングやパナリ島ツアーなど海の遊びが充実。

📞 0980-85-4280
ℹ️ 12室
¥ 1泊2食付7000円～

🌙 保里 ⭐
しま宿南来
しまやどなんくる

地図p.91
黒島港から送迎🚗2分

港からもっとも近いが、周囲に何もないので、とても静か。夜は満天の星空を堪能できる。部屋はさっぱりしていて清潔。共同バスもきれいで女性に人気。女将さんの食事も美味しい。西の浜まで徒歩5分。

📞 0980-85-4304
ℹ️ 6室
¥ 1泊2食付7000円

🌙 宮里 ⭐
なかた荘
なかたそう

地図p.91
黒島港から送迎🚗5分

宮里海岸へは歩いてすぐ。旅好きだったご主人は、泊まり客の気持ちを心得ていて、しゃべりたいときはつき合ってくれて、ひとりになりたいときは放っておいてくれる。自転車、洗濯機の利用は無料。建物は、スロープなどがあるバリアフリー設計。3泊以上の連泊者には割引あり。

📞 0980-84-6811
ℹ️ 7室
¥ 1泊2食付7000円～

黒島

仲本	民宿のどか	📞0980-85-4804／地図p.91／¥1泊2食付6000円～ ⚫小さな子供連れ家族にも細かな対応ができる宿。宿泊者はレンタサイクル無料。
	民宿 あーちゃん	📞0980-85-4936／地図p.91／¥素泊まり3500円～、1泊2食付6000円～ ⚫宮里海岸まで徒歩1分。ご主人が獲った新鮮な島の幸を味わえる宿。食堂も併設。
	みやよし荘	📞0980-85-4152／地図p.91／¥1泊2食付5000円～ ⚫夕食後は島人も集まって外で泡盛を飲んだりすることも。レンタサイクル無料。

TEKU TEKU COLUMN

絶滅の危機から守ろう
西の浜で産卵するウミガメ

西の浜には4～8月にアカウミガメ、アオウミガメ、タイマイの3種類が産卵に訪れる。その数は年々減ってきて、絶滅の危機がある種として保護の対象になっている。そのため、産卵場所では大声を出したりライトをつけたりしないこと。黒島研究所（📞0980-85-4341）では、夏期限定でふ化したばかりの子ガメが見られることも時々ある。観察を希望する場合は黒島研究所に問い合わせを。

新城島

エリアの魅力

ネイチャー
★★
赤瓦
★★
リゾート
ー

エリアデータ

標高
上地13m、下地20m
面積
上地1.76㎢、下地1.58㎢
周囲
上地6.2km、下地4.8km

人口
15人

海の青さは八重山一
パナリ焼と人魚伝説の島

　新城島とはふたつの島の総称。丸いほうは下地島、細長いほうは上地島で、両島は離れていることからパナリ島とも呼ばれている。

POINT

各島からのおもな日帰りツアー

　新城島へは定期船がないため、石垣島、西表島、黒島から出ている日帰りツアーを利用することになる。
【石垣島発】マリンポイントの「パナリ島ツアー」は、パナリ島上陸・散策と、シュノーケルがセットになったツアーで、大人1万3200円、子供8800円。ガイド、シュノーケル3点セット、ライフジャケット、ランチ、お茶、保険込。
パナリ島観光の「おもいっきり新城島散策＆シュノーケリングツアー1日コース」は大人1万1000円子供9000円。シュノーケル、島内散策、ランチが楽しめる。ガイド料、船代、保険、弁当＋ドリンク込。
【西表島発】パナリ島観光の「新城島散策＆シュノーケリングツアー」は、西表島（大原港）発で大人大人9000円、子供7,500円。ツアーガイド料、船代、保険料、弁当＋ドリンク込み。
【黒島発】ダイビングサービスクロシマの「パナリ黒島周辺スノーケリングツアー」は2名から催行で7000円。黒島周辺、パナリ、ウラバラスでスノーケルを楽しめるツアー。ランチ代ドリンク代込。

上地島と下地島は約400mほど隔たる

ツアー問い合わせ先

上地観光
♪0980-82-5418
マリンポイント
♪0980-83-0575
ダイビングリービスクロシマ
♪0980-85-4280
パナリ島観光
♪0980-85-4120

新城島（下地島・上地島）の見どころ

どちらの島も海での遊びが中心。下地島は船着場近くのビーチが日帰りツアーの拠点だが、日陰がないのでパラソルは必要だ。

上地島は港の北西側のビーチがシュノーケリング向き。集落の内外には御嶽が点在するが、立ち入りや写真撮影は禁止。

石垣のつづく集落（上地島）

人口はわずかだが、祭事のときに島出身者が多数里帰りするため民家が多い。なかでもアカマタ・クロマタで知られる豊年祭は島最大の行事。昔、琉球王府に献上していたという人魚（ジュゴン）をまつる神社もあるが、立ち入りはできない。

クイヌパナ（上地島）

港の西側。丘の上に建てられた昔の見晴らし台。美しい海を見おろす。島の民謡「クイヌパナ節」にも歌われている。

タカニク（上地島）

17世紀、周辺海域の監視や外国船の接近など、情報を各島に伝達するためにつくられた烽火台。

HINT

島内での注意

島内では御嶽をはじめ、立入禁止や写真撮影禁止区域が多い。また、食堂や商店もないので飲み物などは準備しよう。

※ふたつの島は干潮時にはサンゴ礁の道でつながる。リーフ上を大きく回り込めば歩くのも可能だが、潮が満ちてくると帰れなくなるので注意。大潮の最大干潮時の前後2時間がベスト。片道30分くらい。

マイビシ海中公園●
●タカニク（火番盛）P.95
新城御嶽
上地港
学校跡
クイヌパナ P.95
上地
アールウガン
イールウガン
上地島
♪徒歩16分
新城島

西表石垣国立公園

浜崎
新城島
長崎
●桟橋 P.95
竹富町
下地
●パナリ焼跡
下地島
パナリ牧場

1:44,600
0 ────── 800m
N

上地島のビーチへ

上地島の北西側のビーチは岩場やサンゴ礁の変化に富んだ地形。タカニクの手前あたりで海に出られる。

牧場への道（下地島）

船着場からゆるい坂道を上って防風林を抜けると、あとは広大な牧草地。大きなサイロがあるほか、行けども行けども何もない。

パナリ焼

19世紀半ばまで新城島で造られていた焼き物。島の粘土に夜光貝などを混ぜて、露天で焼き上げられたといわれている。ほとんどが生活雑器だが、今では骨董品としての価値が高い。

下地島の桟橋

すぐ西側に美しい砂浜が広がる。上地島は目の前だ。

西表島

亜熱帯のジャングルに覆われた
大自然が魅力

　沖縄県では沖縄本島に次ぐ2番目の大きさ。島の面積の90％が亜熱帯の原生林に覆われていて、イリオモテヤマネコをはじめカンムリワシ、セマルハコガメなど珍しい生物も数多く生息している。カヌーやダイビング、フィッシング、シュノーケリングなど自然を舞台にアクティブな遊びがいっぱい。

 HINT

西表島への行き方

　西表島の玄関口は、大原港を拠点とする東部と、上原港を拠点とする西部に分かれ、ふたつのエリアは約30kmも離れている。

高速船
所要約40分
2690円

石垣島

上原港

離島ターミナル

西表島

高速船
所要約35分
2060円

大原港

問い合わせ先

● 観光全般
p.22参照
● 高速船
八重山観光フェリー
☎0980-82-5010
安栄観光
☎0980-83-0055
石垣島ドリーム観光
☎0980-84-3178

※北風が吹く冬場は西部への便が欠航することが多い。その場合、上原港行きの切符で、大原港と西部エリアを結ぶ船会社の送迎バスに乗ることができる。

島内の交通 [路線バス・タクシー・レンタカー・レンタバイク・レンタサイクル]

●路線バスを利用する

　生活路線なので本数は1日4便しかないが、白浜と豊原の間約50kmを1時間45分で結んでいる。かつては好きな所で乗り降りできるフリー乗降制だったが現在は廃止され、バス停で乗り降りする。料金は距離によって異なり、130円〜1470円。1日乗車券は1050円、3日乗車券は1570円で、バスの中でも購入できる。

●タクシーを利用する

　利用可能なタクシーの台数が少なく、流しのタクシーはない。いりおもて観光は貸切観光のみ、やまねこタクシーは配車に空きがあるときだけ利用できる。初乗り料金は470円。貸切観光タクシーは基本料金（3時間まで）普通タクシー1万1640円、ジャンボタクシー2万220円。

●レンタカーを利用する

　レンタカー会社は東部と西部に数社あるので、どちらを拠点にするか決めてから選ぶのがいい。東部←→西部の乗り捨て料は1500円程度。また、ほとんどが宿泊施設への送迎をしてくれる。ガソリンスタンドは大原、上原、干立にある。

●レンタバイク・サイクルを利用する

　道路が整備されているので、レンタバイクも快適。勾配がきついので、自転車ならマウンテンバイクや電動アシスト式のものがラク。バイクは1日3000円〜、自転車は1日1000円〜。

問い合わせ先

● バス
西表島交通
♪0980-85-5305
● タクシー
やまねこタクシー
♪0980-85-5303（大原）
いりおもて観光
♪0980-85-5333（大原）
● レンタカー
やまねこレンタカー
♪0980-85-5111（大原）
♪0980-85-6111（上原）
オリックスレンタカー
♪0980-85-5888（大原）
エアポートレンタカー西表島営業所
♪0980-85-5383
西表サザンレンタカー
♪0980-84-7005（大原）
♪0980-85-6906（上原）
ウィングレンタカー西表島店
♪0980-85-5001
レンタカー・Kei（大原）
♪0980-85-5318
ティンクレンタカー
♪0980-85-5657
ククルレンタカー西表大原営業所
♪090-3234-7474
● レンタバイク・サイクル
※各宿泊施設で手配可能

西表島

TEKU TEKU COLUMN

ヤマネコ注意！
野生動物にも優しいドライブを

　西表島には絶滅危惧種であるイリオモテヤマネコをはじめ、カンムリワシ、セマルハコガメなど珍しい野生動物がたくさん見られる。普段はジャングルに住んでいるが、特に春先の子育てシーズンになると、親が食べ物を求めて人里に出てくることも多い。そこで問題になっているのが、その野生動物の交通事故。イリオモテヤマネコが命を落とした事故が、2013年は7月の時点で過去最多の4件発生している。

特にイリオモテヤマネコ目撃の多い場所には、注意を促す看板やノボリなどが設置されているが、事故は後を絶たない。旅の開放感でつい出し過ぎになるスピードに気をつけて、快適なドライブを楽しもう。また、西表野生動物保護センター（p.109）では、けがや死んでいる個体を見つけた場合はすぐに連絡をするよう呼びかけている。

カヌー・トレッキング・マリンレジャー情報

●**カヌー** ピナイサーラの滝を目指してヒナイ川をさかのぼるルートは山も川も楽しめて人気。船浮湾の水落川(p.116、p.118)、東部の後良川はマングローブの美しさで知られる。

●**トレッキング** 手軽にジャングルを体感できるのは浦内川遊歩道(p.108)。ピナイサーラの滝へは、歩いても行ける(p.114)。西表島横断道は、キャンプの準備が必要だ。

●**シュノーケリング** 網取湾、崎山湾周辺(p.116)へボートでアプローチするツアーが人気。ビーチでのシュノーケリングはp.110参照。

カヌーやトレッキングは、経験があればツアーに入らず単独でも行けるが、初心者ならツアーが安心。詳しい解説付きで観察できる。p.121参照。

水中観光船じゅごん キャビンが潜水し、新城島近くにあるテーブルサンゴの群生が楽しめる。4〜9月運航。大原港発着。所要1時間、3000円。℡0980-84-7320(要予約)

西表島
1:260,000
0 　　　　4km
N

鳩間島 P.125
鳩間

八重山観光フェリー・安栄観光・石垣島ドリーム観光
石垣島へ→

P.121 ダイビングチームうなりざき
イルマーレウナリザキ
星砂の浜 P.110
星砂の浜
P.110 トゥドゥマリ浜
P.122 星野リゾート西表島ホテル H
星立天然保護区域
上原
上原
船浦
浦内川
遊覧船乗降場
伊武田崎
大見謝ロードパーク P.110
P.123 イルンティフタデムラ
P.123 海の家南風廻
P.121 西表島アイランドサービス空海
西表アイランドホテル
仲立 P.108
祖納 P.110
294
祖納岳
外離島
船着場
(軍艦岩)
浦内川
遊覧
ニッパヤシ群落
P.122 西表島ジャングルホテル
バイヌマヤ
ホテルバイヌマヤ前
野原崎
P.99 子牛線ふれあい館
P.113 レストラン白浜 R
P.121 屋良商店マリンタクシー
P.124 金城旅館 H
サバ崎
ゴリラ岩
ウーシーク森
363
テドウ山
441
ピナイサーラの滝 P.110・114
古見岳
469
エコヴィレッジ西表 P.123
P.111 猪狩village R
田布島 P.110
水牛車乗場
由布島
小浜
水道
船浮
網取
東海大海洋研究所
白浜
内離島
崎山湾
マリュドゥの滝 P.108
海人の家 P.124
カンピレーの滝 P.108
竹富町
美原
P.108
P.109 西表野生生物保護センター M
バイミ崎
ヤエヤマハマゴウ自生地
P.124 民宿かまどま荘 H
P.116-118 水落の滝
御座岳
420
古見のサキシマスオウノキ群落
ヤエヤマシタン群落
古見
215
石垣島へ→
西表石垣国立公園
日本最大のサキシマスオウノキ
(遊覧船で見られる)南風岸島
425
仲間川天然保護区域
遊覧船乗降場
大富
仲間川
遊覧
仲間橋
仲間崎
ウビラ石
落水崎
竹富町交流センター
P.124 南風見田キャンプ場
P.110 南風見田の浜
P.121 南風見ばぴよん
P.122 ラ・ティーダ西表リゾート H
南風見崎
大原
豊原
99
大原港
石垣島へ→

TEKU TEKU COLUMN

東経123度45分56789！

祖納と白浜を通る子午線は、東経123度45分6789秒という順並び。祖納には「ふれあい館」併設のモニュメント（地図p.98-A）が、白浜には日時計のモニュメント（白浜小学校へ向かう手前の海側）が設置されている。どちらも県道沿いのわかりやすい場所にある。特にイベントなどが催されることは少ないが、ちょっとした記念撮影になる場所だ。

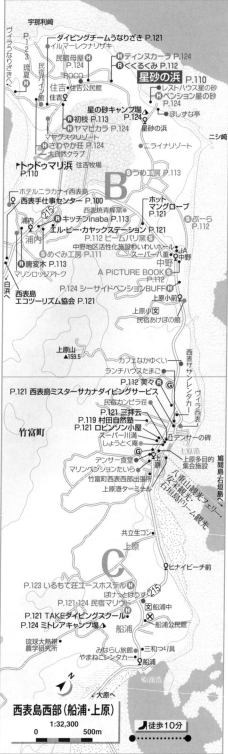

宇那利崎

ヴィララなりざきへ→

ダイビングチームうなりざき P.121
イルマーレウナリザキ
民宿母屋 H P.124
ROCO
Hティンヌカーラ P.124
H ぐくるくみ P.112

星砂の浜 P.110
レストハウス星の砂
Hペンション星の砂 P.124
ほしすな亭

住吉 住吉公民館
住吉

星の砂キャンプ場 P.124
R初枝 P.113
マヤグスクリゾート
H ヤマピカラ P.124
星砂の浜
H さわやか荘 P.124
ニライナリゾート
大自然クラブ

住吉牧場

►トゥドゥマリ浜 P.110

S うめ工房 P.113

ホテルニラカナイ西表島
西表手仕事センター P.100
西表焼青煉窯
R **キッチンinaba** P.113
エル・ビー・カヤックステーション P.121
P.112 ピームパリ窯 S
R **めぐみ工房** P.111
R **唐変木** P.113
マリンロッジアトク

ホット
マングローブ P.121

S ぷーら
P.112

中野地区活性化施設わいわいホール
スーパー八重 A 中野

A PICTURE BOOK S
P.112

P.124 **シーサイドペンションBUFF** H

上原小前
上原小
民宿あけぼの館

上原山
▲159.5

カフェになかゆくい
ランチハウスたまご

西表サザンレンタカー

P.112 美々 R G
P.121 西表島ミスターサカナダイビングサービス
民宿カンピラ荘
P.121 三拝云
P.119 村田自然塾
P.121 ロビンソン小屋
ヴィラ西表
スーパー川満
しょうとく庵 デンサーの碑
上原港

竹富町

G

マリンペンションたいら
上原
上原多目的
集会施設
デンサー食堂
竹富町西表西部出張所
上原港ターミナル

鳩間島・石垣島へ
八重山観光フェリー・安栄観光・石垣島ドリーム観光

共立生コン

上原

ヒナイビーチ前

P.123 **いるもて荘ユースホステル** H
ぱ**ぬ**ゃとぱ**ぬ**す P.215
P.121-124 **民宿マリウド** H
図船中中
P.121 TAKEダイビングスクール
図船浦公民館
P.124 ミトレアキャンプ場▲
琉球大熱帯
農学研究所
みはらし旅館
やまねこレンタカー
船浦港

大原へ

N

西表島西部（船浦・上原）
1:32,300
0   500m

♪徒歩10分

船浦・上原へ

後 港
仲間川

ペンションなかまがり H P.123
大富
海歩人 P.121
図大原中
P.124 竹盛旅館 H
展望台。大富公民館
大富保育所
大富
大富共同売店
仲間第二貝塚
仲間第一貝塚

♪徒歩8分

いりおもて観光
仲間川遊覧
P.108

竹富町

西表島交通
やまねこレンタカー・タクシー
民宿のはら荘
喫茶釣り
大原森林事務所
H 民宿やまねこ P.124
大原神社
水中観光船じゅごん
P.98
ENEOS G 大原
仲間川遊覧船券売所
竹富町東部出張所
i 竹富町観光協会
猪狩家大原店
大原港ターミナル
大原
大原小 図玉盛スーパー
P.111 Hはてるま R
オリックスレンタカー
P.111 マツリカ S
西表島局 T
豊原へ
民宿池田屋

八重山観光フェリー・安栄観光・石垣島ドリーム観光

N

西表島東部（大原）
1:21,300
0   400m

大原港
石垣島へ

竹富町

西表島・過ごし方のヒント

島の周囲ほぼ3分の2に道路が通っており、島中央はうっそうとしたジャングルが広がる。のんびりするのもいいが、大自然を満喫すべくアクティブに動いてみよう。

●どこで何をする？

島の規模が大きいので目的に合わせて事前にプランを立てたい。いずれにしてもあまり欲張りすぎないのがコツ。

気楽に観光地をめぐる　　p.109-110へ

大原港から水中観光船でサンゴ礁を観賞。水牛車に乗って由布島へ。熱帯植物の茂る園内を歩いたり、トロピカルジュースを味わおう。西表野生生物保護センターでは西表の動植物の生態系を下調べできる。日帰りなら石垣からの観光ツアーを利用するのがてっとり早い。

自然を手軽に楽しむ　　p.108へ

浦内川遊覧がおすすめ。マングローブの景観を楽しみ、亜熱帯の森の遊歩道をウォーキング。仲間川遊覧では日本最大のサキシマスオウノキを見ることができる。海なら星砂の浜へ。プール状になっていて安全だ。星砂を探してみるのもいい。

もっと深く自然のなかで遊ぶ　　p.114-119へ

カヌーや徒歩でピナイサーラの滝へ。県下最大の滝は近くで見ると迫力満点。滝つぼはもちろん、滝上まで行ってみよう。海派なら星砂の浜や中野のビーチのリーフ際でシュノーケリングを。美しいサンゴが観察できる。

何もしない　　（地図p.99-B）

波穏やかなトゥドゥマリ浜でのんびり昼寝や読書。民宿の大将や一緒になった人たちとゆんたく（おしゃべり）。

●東部と西部、どちらを拠点にするか？

宿泊施設やみやげ物店、飲食店などが多いのは西部エリア。浦内川やピナイサーラの滝、星砂の浜など見どころも集まっている。数日間、島に滞在し、効率よく動きたいなら西部が便利かもしれない。仲間川や由布島のみなら東部を拠点にするといい。

安全に旅をするために

ジャングルの中は迷いやすいのでむやみに立ち入らないこと。島横断ルートなども、登山に不慣れな人が単独で歩くのは危険。カヌーを借りる際は、潮の干満についてよく聞いておこう。

また、舗装された道路はカーブが多く、スピードの出しすぎに注意。イリオモテヤマネコなどの野生生物が飛び出してくることもある。とくに道路の真ん中をよく歩いているシロハラクイナ（鳥だが飛ぶのが下手）をよけようとしての事故が多い。

HINT

雨が降ったらどうする？

めぐみ工房(p.111)では紙すき体験ができる。西表手仕事センター（♪0980-85-6039）では、みんさー織の機織り体験が可能。また、西表島エコツーリズム協会(p.121)では「草細工講座」が開かれている。わらを使ってヒモを編み、身のまわりのものを作る。

西部の自然

落差54mのピナイサーラの滝は沖縄県最大。徒歩やカヌーでアプローチ。p.110・114参照。浦内川は沖縄最長の川。遊覧船の終点から歩いて偉大な滝を目指す。p.108参照。

ジャングルの展望台

浦内川にかかる橋を白浜方面へ向かって渡ると、道路右手に小さな展望スポットがある。ここから望むマングローブ林は雄大で、西表島ならではの自然の深さを感じられる。

西部地区

上原港からアクセスするエリア。なかでも上原・船浦周辺は民宿やペンション、みやげ物店、スーパーなどが集まっている。干立、祖納、白浜は港からは離れているが、静かに過ごしたいという人にはおすすめだ。

HINT

日帰りでは何ができる？

各カヌーショップには石垣から日帰りでも参加できるようなツアーがある。観光するならレンタカーを借りること。路線バスでは1日でまわるのは難しい。

石垣島へ

西田川

星砂の浜

トゥドゥマリ浜

上原　上原港

浦内川　船浦

浦内川遊覧

干立

祖納

外離島

ピナイサーラの滝

浦内川

テドウ山 ▲441

白浜
マリュドゥの滝　カンピレーの滝

内離島

白浜港

古見岳 ▲469

野原崎

由布
水牛車乗場

由布島

網取湾

船浮　船浮湾

後良川

網取

西表野生生物保護センター

古見

水落の滝

仲良川

御座岳 ▲420

クイラ川

仲間川

日本最大の
サキシマスオウノキ

南風岸岳 ▲425

仲間川遊覧

大原港

鹿川湾

南風見田の浜

豊原

石垣島へ

西表島

陸の孤島・船浮

道路の終点は白浜。船浮集落（p.109・118）へは、白浜から定期船で約10分。それより西の網取や崎山にも集落があったが廃村になっている。シュノーケリングやダイビングのポイントとして人気。

東部地区

大原港からアクセスするエリア。大原は新城島からの入植でできた集落で、西部のようなにぎやかさはない。仲間川のほか、手つかずの自然が残る前良川や後良川なども近い。南側には南風見田の浜がある。民宿もあるので、静かに長期滞在する人も多い。

東部の自然

仲間川はマングローブを有する国内最大級の川。浦内川では見ることのないマングローブの一種のマヤプシキがある。p.108参照。写真は遊覧船で見に行ける日本最大のサキシマスオウノキ。

水牛車で由布島へ

水牛車に揺られて遠浅の海を渡っていく島。西表の東側に浮かぶ小島で、以前は農耕地であり、学校もあったほど。現在は全体が亜熱帯の植物園となっている。観光の目玉でもある。p.110参照。

自分の目で足で

西表島を歩く旅

文・写真　横塚眞己人

亜熱帯の豊かな生態系を保つ西表島。
短い滞在でも、心がまえひとつあれば自分の肌で
その魅力を感じ取ることが可能だ。
イリオモテヤマネコの撮影で島の自然を熟知した
横塚眞己人氏が伝授する。

地球規模の生態系を体感できる島

西表島では、時の流れが実にゆったりとしている。そういう意味では、まさに「てくてく歩き」という言葉がぴったりの島だ。島での楽しみ方もジャングルトレッキングで「てくてく」、カヌーで「てくてく」、シュノーケリングで「てくてく」といった具合に「てくてくリズム」の旅をお勧めしたい。

では、具体的にどうすれば西表島で120％楽しむことができるのかここで伝授しよう。

西表島の自然を、森林地帯、マングローブ帯、海の3つの環境に分けて見ると、島の自然がわかりやすくなる。そこで重要なのは、そのすべての環境が、網の目のようにつながっているということだ。特にその大きな役割を担っているのが川で、上流から運ばれてくる養分が、エメラルドグリーンに輝く海を育てている。海と山のように一見まったく関係ないような環境でも、実はしっかりとつながっているのだ。大ざっぱではあるが、西表島で自然を満喫することで、そうした地球規模の生態系の一端を肌で感じ取ることができるということだ。

●よこつか　まこと
写真家。イリオモテヤマネコを追って、1985年から10年間西表島に移り住む。餌づけをしない自然状態での撮影にこだわり、その生態と貴重な写真を数多く発表。主な著作に写真集「いりおもて　海と森と人と山猫」（小学館）、「西表島フィールド図鑑」(小社刊)など。現在は東南アジアや中南米の熱帯の森にフィールドを広げている。
http://www.yamaneko.biz/

「てくてく＆ストップ」で生きものが見えてくる

そうした大きなくくりをふまえた上で、前線であるフィールドへ突入すると、網の目の一端を見ることができる。ただし、その基本はあくまで「てくてく＆ストップ」だ。西表島の森にはさまざまな生き物が生息しているが、その多くは周りの環境に、見事にカムフラージュしている。早足で移動すると、何も見られずにただ歩くだけで終わってしまう。立ち止まってしばらくじっとしていると、今まで木の一部や枝のようにしか見えなかったものが、昆虫やト

カゲやカエルであることに気づくようになる。ただ、せっかく出合った動植物の名前も生態も分からないというのもちょっと寂しいもんだ。ガイドブックやポケット図鑑を持ち歩くというのも一つの手だが、エコツアーに参加して、インタープリターから詳しい説明を受けながら歩くというやり方もある。自然を見るだけでなく「知る」ことで、旅の醍醐味もずいぶん違ってくる。

もしもイリオモテヤマネコに遭遇したら!?

さて、西表島を訪れて、気になるのはこの島のシンボルであるイリオモテヤマネコであろう。彼らとの遭遇は「てくてく＆ストップ」をもってしても超A級の難度といえる。ヤマネコは決まった巣を持たないので、どこへ行けば出合えるというものではないのだ。砂漠のど真ん中で落としたハリを捜すのと同じ確率だと思ってもらえばいい。

それでもボクは、この島に10年間暮らした間に森の中で偶然に遭遇したことが5回くらいあった。そのほとんどはこちらが休憩中の時だった。何となく不穏な空気を感じ、振り向くとイリオモテヤマネコがたたずんでいたというケースだ。そうなるともう、写真どころではない。体が硬直して動けなくなる。というより、ちょっとでも動けば走り去ってしまいそうなので、どうしても撮るよりも見る方を選択してしまう。旅人の話の中で「イリオモテヤマネコに

マングローブとは、川の河口など潮の影響を強く受ける汽水（きすい）域に生育する木本性植物の総称をいう。つまり「木」そのものの名前ではないのだ。わかりやすくいえば、高山という特殊な環境に生える植物を「高山植物」と総称するのと同じと考えてもらえばいい。西表島にはニッパヤシを入れると、7種類のマングローブを構成する植物が生育している

出合えなくて残念だった」という声をよく聞くが、出合えないことの方が普通なのだ。また反対に、「イリオモテヤマネコを見たぞ」という声もよく耳にする。よくよく聞いてみるとそのほとんどはイエネコであることが多い。西表島ではイエネコを見ただけで興奮してしまう気持ちはよく分かる。

では、イエネコとヤマネコを見間違えないためにはどうしたらいいのだろうか。もし、道路沿いで怪しいネコを見つけたら、まず最初に耳の形をチェックするといい。イエネコは先がとがっているのに対し、ヤマネコは丸い形をしている。後ろ姿だったら、ヤマネコには耳の後ろに虎耳状斑という白い斑紋がある。これが決め手になる。

イリオモテヤマネコはともかくとして、西表島ではとにかく「てくてく＆ストップ」を忘れずに。

イリオモテヤマネコの生息数は、現在およそ100頭だといわれている。決まった巣を持たない彼らへのアプローチは、彼らの残したフィールドサインをもとに、ただひたすら待つしかない

（写真左）森の植物たちは光を獲得しようと、日夜バトルを繰り広げている
（写真右）多様性に富んだ亜熱帯の森が広がっている

マングローブ林の
生き物たち

川の水と海水とが混じりあう、
河口付近の生き物たちは、生態も見た目も実にユニーク。

① オキナワハクセンシオマネキ
学名：Uca lactea perplexa
スナガニ科

　マングローブ帯に生息し、潮の引いた干潟で観察できる。雄の片方のはさみ脚は極端に大きく、まるで潮を招くように大きく振る動作をする。

② ミナミトビハゼ
学名：Periophthalmus vulgaris
ハゼ科

　主にマングローブ帯で見られ、西表島ではトントンミーと呼ばれている。魚であるが、主に川辺に上陸している姿を観察することができる。

③ ミナミコメツキガニ
学名：Mictyris brevidactylus
ミナミコメツキガニ科

河口の砂泥地に生息する丸い形をしたカニ。潮の引いた干潟で、群棲した様子が見られる。

④ ノコギリガザミ
学名：Scylla serrata
ワタリガニ科

　内湾やマングローブ帯、河口などに生息する大型のカニ。食用となり大変美味。沖縄の郷土料理のひとつになっている。

⑤ オヒルギ
学名：Bruguiera gymnorrhiza
ヒルギ科

　赤色の花を付けることから、別名アカバナヒルギともいわれている。マングローブを構成する種類の中で、もっ

とも内陸側に生育している。

⑥ メヒルギ
学名：Kandelia obovata
ヒルギ科

　ヒルギ科の中で1属1種。葉は小型でオヒルギやヤエヤマヒルギに比べると淡緑色をしている。

⑦ ヤエヤマヒルギ
学名：Rhizophora stylosa
ヒルギ科

　西表島では、オヒルギとともに個体数の多い種類で、たこ足のような支柱根をもつ。今にも歩き出しそうな風体だ。

ジャングルの生き物たち

うっそうと繁る亜熱帯の森にはさまざまな生き物が生息している。比較的観察しやすいものを紹介。

① サキシマキノボリトカゲ
学名：Japalura polygonata ishigakiensis
キノボリトカゲ科（アガマ科）
低地から山地の森林内で普通に見ることができる。樹上性で、主に昆虫を食べる。

② サガリバナ
学名：Barringtonia racemosa
サガリバナ科
　海岸付近から低地の湿潤なところに群生する。6〜8月頃強い芳香を放ちながら、白色かピンク色の美しい花を夜咲かせる。早朝落ちた花が川の流れに漂う様は幻想的だ。

③ シロハラクイナ
学名：Amaurornis phoenicurus
クイナ科
　水田や湿地で普通に見ることができる。全長32cmくらいで、腹部が白いのが特徴。

④ イワサキクサゼミ
学名：Magannia minuta
セミ科
　日本最小のセミ。道路脇のススキやサトウキビの葉の上で、見つけることができる。体に似合わず大きな声でジーと鳴く。

⑤ ヒメモダマ
学名：Entada phaseoloides
マメ科
　思わず「ジャックとまめの木」を連想してしまう大型のつる植物。マメのさやは1m近くにもなり、中の種子は5cmにもなる。

⑥ ヤエヤマオオタニワタリ
学名：Asplenium setoi

チャセンシダ科

大型の着生植物で、森林内の樹上や岩の上で観察できる。鳥の巣状に大きく広げたところに落ち葉を集め、養分にする。

⑦ ヒカゲヘゴ
学名：Cyathea lepifera
ヘゴ科

森林内で見られ、高さ10ｍにもなる木性シダ。幹には大きな葉が落ちたときにできる楕円形の幾何模様が見られる。新芽は食用となり、地元では祭りや行事の時に使われることがある。

⑧ カンムリワシ
学名：Spilornis cheela
ワシタカ科

日本では西表島と石垣島だけに生息する南方系のワシ。

ヘビ、トカゲ、ネズミ、カニなどを食べる。道路ぎわの電柱の上でよく見かける。

⑨ リュウキュウアカショウビン
学名：Halcyon coromanda bangsi
カワセミ科

夏の渡り鳥で、西表島には3月下旬頃わたってくる。トカゲやカエル、魚、カタツムリなどを食べる。海岸近くの林から山地の森林で生活するが、民家の庭先にも飛んでくる。

⑩ アマサギ
学名：Bubulcus ibis
サギ科

西表島では、水牛の周りに集まっている姿をしばしば見かける。夏羽は首から背にかけて橙黄色になる。

⑪ オオゴマダラ
学名：Idea leuconoe

マダラチョウ科

林内から海岸近くまで広い範囲で観察できる。日本最大のチョウで、ふわりふわりとゆっくり優雅に飛ぶ。

⑫ リュウキュウアサギマダラ
学名：Radena similis
マダラチョウ科

西表島では、一年中普通に見ることができる。冬季の気温の低い日は集団越冬する姿を観察することができる。

⑬ ヤエヤマセマルハコガメ
学名：Cuora flavomarginata evelynae
バダグールガメ科

お腹の甲羅が蝶番状になっていて、頭や手、足を引っ込めた後、蓋をすることができる。森林地帯に生息し、キノコ、ミミズや昆虫などを食べる。

見る＆歩く

浦内川遊覧（マリュドゥの滝とカンピレーの滝）

うらうちがわゆうらん（まりゅどうのたきとかんぴれーのたき）

地図p.98-A〜B
上原港から遊覧船乗場へ🚗15分
🚶上原港から🚌18分の🚶浦内川から⛴3分

　島の内陸部にある、このふたつの滝へは沖縄県で最長の長さの浦内川からアプローチする。遊覧船で軍艦岩まで8kmさかのぼり、遊歩道を30分ほど歩くと展望台があり、そこからマリュウドの滝を望める。幅約20m、落差16mもの美しい滝で日本の滝100選のひとつ。ここからさらに15分歩くとカンピレーの滝がある。カンピレーとは「神々が座るところ」という意味。清らかな流れがいくえにも続き、せせらぎの音が心地いい。遊覧船乗場からふたつの滝をめぐり、戻るまで最低でも3時間は必要。写真は上がカンピレーの滝、右が展望台から眺望できるマリュドゥの滝。

☎0980-85-6154（浦内川観光）
🕘遊覧船9:00〜15:30
💰往復2200円
休無休

POINT
てくナビ／船を降りたら、ゆるやかながらも山道が続くので、履き慣れた靴がいい。迷うことはないが、帰りの遊覧船の時刻を頭に入れて、乗り遅れないように歩こう。

浦内川遊歩道

休憩所唯一のトイレも併設
マリュドゥの滝展望台へ徒歩15分
上りが始まる
浦内川
河口
軍艦岩（船着場）

【時間配分に気をつけよう】
　浦内川遊覧船乗船場からの出航時間は、9:00、10:00、11:00、12:30、14:00、15:30。軍艦岩までの所要時間は約30分。帰りの船は軍艦岩（船着場）に着いてから2時間後（14:00の便は1時間30分後）。ゆっくり歩いて二つの滝を巡るには1時間30分は必要なので、12:30までの便に乗ることをおすすめする。
（2023年3月現在）

仲間川遊覧

なかまがわゆうらん

地図p.98-B
大原港ターミナルから
遊覧船乗場へすぐ

　マングローブを有する川としては国内最大といわれている仲間川。ゆったりと蛇行する川の流域には、オヒルギやヤエヤマヒルギ（p.105）のほかに、西表島でも東部地域でしかほとんど見ることのできないマヤプシキが自生している。6.5kmほど上流にある遊覧船の終点には、日本最大といわれる樹齢400年のサキシマスオウノキが鎮座している。これらを鑑賞できる「マングローブクルーズ」は、マヤプシキコースとサキシマスオウノキ鑑賞コースの2種類があり、船から干潟に生きる動植物なども見学する。所要時間は約70分。

☎0980-85-5304（東部交通）
🕘遊覧船9:30〜14:00頃
　（その日の潮の干満により出航時間が変わる）
💰往復大人2000円
休無休

アカギの大木の幹に網の目のようにからまるのは「絞め殺し植物」のひとつイヌビワ

カンピレーの滝へ徒歩5分

西表島横断道

マリュドゥの滝展望台へ徒歩8分

坂道

マリュドゥの滝

展望台へは分岐を右へ

マリュドゥの滝展望台

マリュドゥの滝の滝つぼは直径130m。深い緑色をしている

カンピレーの滝

滝と言うより傾斜のある岩床といったところ

マリュドゥの滝のポットホール。水の流れによってできた丸い穴

林道のわきや樹木の下でよく見られるシダの仲間

浦内川に流れる沢がほかにも大小の滝を形成

西表野生生物保護センター
いりおもてやせいせいぶつほごせんたー

地図p.98-B
大原港🚗15分

　西表島に生息する希少な野生生物を保護し、野生生物や自然環境保全への理解や関心を深めるためにつくられた施設。野外ゲージでは交通事故などで傷ついたイリオモテヤマネコを保護していて、館内のモニターでその様子がリアルタイムに見ることができる。交通事故で命を落としたヤマネコの剥製や足跡、その他サンゴ礁、マングローブの湿地帯、山、渓谷など島の生態系をパネルやクイズ形式などでわかりやすく展示。

📞 0980-85-5581
🕐 10:00〜17:00
❌ 月曜・祝日（5月5日、11月3日除く）、6月23日
※月曜が祝日の場合、翌火曜も休
¥ 無料

TEKU TEKU COLUMN

船でしか行けない集落
船浮（地図p.98-A）
ふなうき

　人口約40人の船浮は、道路がつながっていない、まさに陸の孤島。西表島の西海岸沿いを船でのみ渡れる集落だ。白浜から定期船（船浮海運📞0980-85-6552）で結ばれている。港を中心に立ち並ぶ集落内にはかまど広場（p.118参照）などがあり、集落から徒歩約10分ほどのところには、イダの浜とよばれる小さいながらも美しいビーチが広がる。

　また、白浜の沖に浮かぶ内離島は、かつての炭坑跡などが残る無人島。この周辺を海遊びと共に楽しむなら、「ふね家」（📞090-4470-5966）主催の奥西表シュノーケリングプレミアムツアー（4〜10月実施、1万3000円、昼食・シュノーケルセットなどを含む）が便利。この他にグラスボード秘境めぐり観光ツアー（10〜4月実施、1日コース昼食付1万2500円）、チャーター船（通年実施）など、船浮を満喫できるツアーなどがある。オーナーの池田さんは船浮出身なので心強い。

西表島

109

由布島
ゆぶじま

地図 p.98-B
大原港から水牛車乗場へ 🚗20分
♀上原港から🚌38分、♀大原から🚌21分の♀由布水牛車乗場から🚢10分

　西表島の東端、美原集落の対岸に浮かぶ周囲2.5kmの小島で、約400mもの浅瀬を水牛車で渡って行く。島のなかは由布島亜熱帯植物楽園として整備され、ブーゲンビリアなどの熱帯植物やヤシ類などがおい茂る。水牛車乗場から1時間半程みておこう。

📞0980-85-5470　🕘9:00～17:00
💴往復水牛車・入園料2000円、徒歩・入園料700円
🈺無休

祖納・干立の集落
そない・ほしたてのしゅうらく

地図 pP.98-A
干立へは上原港から🚗15分、祖納は🚗18分
または♀上原から🚌24分の♀干立🚌26分の♀祖納下車

　祖納、干立はともに西表島では歴史の古い集落で、屋敷のまわりには防風林のフクギやテーブルサンゴでできた石垣が残り、静かなたたずまい。どちらも五穀豊穣の祭り「節祭（ごこくほうじょう）」が毎年旧暦9月に行われる。

ピナイサーラの滝
ぴないさーらのたき

地図 p.98-B
船浦港からカヌーや徒歩の起点へ🚗1分

　「ピナイサーラ」とは、「ヒゲのような」という意味。まっすぐに流れ落ちる県下最大の滝で、轟音とともに水しぶきがあがり、あたりは夏でも清涼感たっぷり。カヌーやトレッキング（p.114参照）で滝つぼや滝上まで行くことができる。

大見謝ロードパーク
おおみじゃろーどぱーく

地図 p.98-B
上原港から🚗10分

　上原と高那のほぼ中間。大見謝川の河口に整備された展望スポット。海を眺望する展望台があるほか、林の中にはマングローブを間近に観察できる遊歩道が完備。パーキングからは大見謝橋の沢の下へも降りられ、緑に囲まれ清流で足を浸すのも心地いい。ほかにも県道沿いには、美原ロードパークや後良川展望台など、眺望を楽しめるパーキングがいくつか整備されている。

TEKU TEKU COLUMN

ビーチ情報
　島の北側の星砂の浜は、対岸の小島との間がプール状になっていて、熱帯魚もよく見かける。上級者ならリーフエッジでのシュノーケリングがおもしろい。また、弓なりに弧を描くトゥドゥマリ浜は波が穏やか。砂がベージュできめ細かいのが特徴だ。

　南風見田（はいみた）の浜も穏やかな遠浅で海水浴に適しているが、近くに売店がないので弁当などは持参しよう。浜の東には「忘勿石（わすれないし）」の碑が建つ。戦時中、この地へ強制疎開させられた波照間島住民がマラリアの犠牲になったことをいたんでいる。

買う＆食べる

大原／雑貨

マツリカ

地図 p.99-A
大原港から🚶5分

西表島在住アーティストたちのクラフトや雑貨を集めた店。販売しているアイテムは、島の素材を使って、島で作り出されたものに限定されている。焼物、織物、アクセサリーやせっけんなど10以上もの工房の品があり、見比べて選ぶことができる。貝細工や漂流物で作られた小物や草木染めのタペストリーなど、色や素材のバリエーションも豊富だ。おすすめは挽物と呼ばれる木製の器。西表の木が使われている。

📞 090-7585-3934
🕙 10:00〜17:00
休 金曜

浦内／雑貨

めぐみ工房
めぐみこうぼう

地図 p.99-B
上原港から🚗10分

沖縄のみに自生するアオガンピという植物を使った手漉き和紙の工房。西表島では300年ほど前から紙漉きが行われていた。明治時代に途絶えたが、約30年前に復活。ここでは昔ながらの手作業を受け継いでいる。葉書や一筆箋なども販売。紙漉き体験や草木染め体験もできる。要予約。

📞 090-5028-1118
🕙 12:00〜不定
休 不定

美原・大原／猪・島料理

猪狩家
かまいとぅやー

【本店】地図 p.98-B　大原港から🚗20分
【大原店】地図 p.99-A　大原港から🚶3分

農場直営の店。シーズン（11月中旬〜3月・猟の解禁期間）には、イノシシ料理が味わえる。店のご主人が穫って

大原／島料理

はてるま

地図 p.99-A
大原港から🚶3分

オーナー自ら西表島の食材を調達し、丁寧に調理されている。長命草がたっぷりの島魚南蛮漬け、島エビのハーブ揚など、旬の食材を使った料理はどれも体にやさしく、エネルギーがいっぱい詰まっている。おまかせ島の味コース5500円（前日までの予約）。そのほか、刺身盛り合わせなど単品でも注文できる。

📞 0980-85-5623
🕙 18:00〜23:00
休 日曜・不定

きた猪の肉を使ったセットメニュー猪狩家定食（写真）は、赤いご飯の黒紫米、西表そば（ミニ）が付いた西表島の味を満喫できる一品。甘く味付けされた豚の三枚肉がのった西表そば、八重山の黒毛和牛の肉を秘伝のタレで炒めた八重山牛丼、自家農場で栽培から製糖まで行った純黒糖を使用した黒糖プリンも人気だ。

【本店】📞 0980-85-5523
🕙 11:00〜15:00（LO14:00）
休 水曜
【大原店】📞 0980-85-5890
🕙 18:00〜23:00（LO22:00）
休 水・日曜

A PICTURE BOOK
あ ぴくちゃー ぶっく

地図p.99-B
上原港から🚗5分

ユニークな野生生物が生息する西表島。「図鑑を着る」がコンセプトの、オリジナルTシャツ店。図柄はカンムリワシ、シロハラクイナ、セマルハコガメ、キノボリトカゲなど

西表島の希少な生物が10種類以上。どれもリアルだが、ナチュラルな風合いで洒落たレイアウトなので街着にもなる。各4800円～。サイズはXXS～XXLまで揃い、120cmのキッズサイズもあり。ラメ入りは西表の本店限定。

📞 0980-84-8065
🕙 10:00～17:00
🈁 水・木曜

ビームパリ窯
びーむぱりがま

地図p.99-B
上原港から🚗5分

パナリ焼はおよそ200年前まで新城島で作られていたという赤褐色をした土器。ここでは西表の土に貝を砕いて成形。茶碗のほか湯呑みやボウル鉢など、日常食器なども扱っている。日・月曜の9:30と14:00から所要2～3時間の陶芸体験教室を開催。2名以上は1名5500円、1名の場合6500円。予約はインスタのDMで。

📞 0980-85-6423
🕙 9:00～17:00
インスタグラム https://www.instagram.com/iriomote_pottery_class/　🈁 不定

ぶーの家
ぶーのいえ

地図p.98-A
船浮港から🚶1分

西表島の中でも船でしか行けない集落・船浮で、本格カレーが味わえる店。店主自ら獲ってきたイノシシを煮込んだイノシシカレー（1000円）は自慢の逸品。琉球イノシシは、小ぶりで臭みがないのが特徴。イノシシそば（850円）もある。外を眺めながらのランチは、ひと味違った贅沢な時間が過ごせる。

📞 090-6868-7184
🕙 9:00～17:00
🈁 不定（7～9月は無休）

くくるくみ

地図p.99-B
上原港から🚗10分

ティンヌカーラ（p.124参照）に併設されたダイニング。高い天井の落ち着いた店内で創作料理が味わえる。島の新鮮素材にこだわり、農家や漁師から直接仕入れをしている。おすすめは、ゆし豆腐と生ハムのサラダ。

📞 0980-85-6017
🕙 18:00～21:00(LO)　🈁 不定

美々
みみ

地図p.99-C
上原港から🚶5分

自家農園で収穫したマンゴー、パインの生ジュース（各600円）がおすすめ。超濃厚な味わい。夏期にはマンゴーとパインも販売。軟骨ソーキそば（750円）もおいしい。

📞 0980-85-7178
🕙 11:00～17:30（生ジュースは売切しだい終了）
🈁 不定

住吉／寿司
初枝
はつえ

地図 p.99-B
上原港から🚗10分

　住吉にある寿司屋。タマン、サヨリ、グルクンなど、たっぷりと島魚料理を堪能できる。漁師でもある主人が釣り上げてきたもので、その日のおすすめは店内に掲示されている。島魚にぎり（2650円）がおすすめ。魚のマース煮やジーマミー豆腐も美味。

🎵 0980-85-6023
🕐 17:00～22:30LO　🈺 火曜

中野／雑貨
うめ工房
うめこうぼう

地図 P.99-B
上原港から🚗10分

　オリジナルの山猫やシーサーなど、愛らしい置物が並ぶ。手が込んでいて、カヌーに乗っていたり、三線片手のシーサーも。休業中だが電話して都合が合えば見せてもらえる。

🎵 0980-85-6957
🕐 9:00～18:00
　（冬期は17:00まで）
🈺 不定

浦内／島料理
キッチンinaba
きっちんいなば

地図 p.99-B
上原港から🚗10分

　夜20時頃から、島で生まれ育ったオーナーの平良彰健氏による味わい深い三線弾き語

トゥドゥマリ浜／喫茶
唐変木
とうへんぼく

地図 p.99-B
上原港から🚗10分

　建物や内装はすべて手作りという温かみのある喫茶店。食事はノコギリガザミが丸ごと入ったカニ汁定食（3650円）や、イカのスミ汁定食（1450円）がおすすめ。冬期にはイノシシ（カマイ）汁（ライス付き1550円）も味わえる。デザートの田芋パイ（300円）もぜひ味わいたい。

🎵 0980-85-6050
🕐 食事11:30～16:30
　（16:00LO）
🈺 火・水曜

りで、唄や島の伝承が聴ける（不定期）。島の素材をふんだんに使った料理が豊富で、イノシシ汁（1430円）、イノシシのにりぎ2貫（550円）など。他に島ダコor近海魚のカルパッチョ935円、ガサミ（カニ）パスタ1800円、ランチメニューは990円～。

🎵 0980-84-8164
🕐 18:00～22:30
🈺 月曜

白浜／食堂
レストラン白浜
れすとらんしらはま

地図 p.98-A
上原港から🚗20分

　西表トンネルを抜けてすぐ左手にある食事処。揚げ物が絶品で、特上トンカツ定食（200g1100円）は、注文が入ってから肉をスライスするという。ボリュームがあるだけでなくジューシーで柔らかい。一年を通して味わえるカキフライ（1000円）もおすすめ。骨そば（650円）やざるそばもある。

🎵 0980-85-6612
🕐 11:00～20:00LO　🈺 火曜

西表島

ネイチャーガイド／西表島の山へ

ピナイサーラの滝へ
トレッキング

　緑の山々のなかを白く一筋に流れ落ちるピナイサーラの滝は落差 54m。
途中までカヌーや遊覧船で行くことができるが、広大な船浦湾の干潟やマングローブの林を抜けて、滝つぼや滝下まで歩いて行くのも楽しい。天候や服装に気をつけて、大自然を堪能しよう！

コース概要　＜所要3～6時間＞
県道から干潟に出る～👟45分～マングローブ
林～👟5分～草原～👟10分～ジャングル～
👟20分～ヒナイ川を渡った分岐点
　　　　　～👟30分～滝上
　　　　　～👟20分～滝つぼ

❶11:00出発
　船浦方面から行くと3つ目のカーブミラーが目印。ガードレールの切れている場所から干潟に降りてマングローブ沿いを歩く。潮が引ききってなかったので水はくるぶしまであった。

❷浮き玉が目印
　ヒナイ川河口を通り過ぎて50mくらい進むと、木に白いプラスチックの浮き玉が掛かっている。そこからマングローブの小径に入る。

❸草原を歩く
　マングローブ林を過ぎると視界が開け、丈の低い草がはえる草原に出る。雨の降った後などには泥地となるので足元に注意しよう。

❹ジャングル地帯
　いよいよ亜熱帯の植物が茂るジャングルのなかへ。ところどころに赤いテープの目印が木にはってあるので、わかりやすい。

ピナイサーラの滝

なだらか

アカギの木
右手に見る

8

10

川を渡る　9

5　6　7　急登でロープ
　　　　　が架かる

ジャングル　分岐　サキシマスオウノキ
　　　　　　　　　群落

4

草原　3

マングローブ林　ヒナイ川

西田川　　　　　2　マーレ川

白い浮玉

11

水路は深いので注意
↓　↓

船浦湾

海中道路

船浦橋

TEKU TEKU COLUMN

ワンポイントアドバイス

●注意することは潮の干満。干潮時なら船浦湾全体が陸地になる。行きも帰りも船浦湾を歩くので、最大干潮時を挟んで前後4時間くらいの間に行って帰って来るのがベスト。ちなみに歩いた日は大潮で、干潮の時間が14:07だった。

●カヌーで行く場合は逆に満潮前後に。ツアーもある（p.121参照）。

●天候が悪いときや、山に慣れていない人の単独行動は避ける。木の幹などに目印があり、万が一迷ったら目印のあるところまで戻ってみよう。

❽13:00 滝上着

降りたところはちょろちょろと水が流れるせせらぎといった感じだが、断崖からゴォーッと音を立てて一気に落ちている。寸前のところをのぞくと、さすがに足がすくむ。鳩間島や、今歩いてきた干潟やジャングルを真下に望むことができる。

❺川を横切る

ヒナイ川を渡る。岩の上は苔が生えており、すべりやすい。このとき川の水量がひざを超えるほどあれば、滝上に行くのは危険。上も同様に増量していて流される可能性があるからだ。

❻滝上と滝つぼへの分岐

川を渡ったところが分岐点。滝上には右へ、滝つぼは左へ。カヌーや遊覧船はここで係留し、同様のコースを歩き始める。

❼急な登り

滝上へは最初は平坦な道だが、サキシマスオウノキの群落を過ぎると急登が始まり息がきれる。巨大な岩が続き、ロープをつたって登る。急登を過ぎるとなだらかに。

❾タコのような木

分岐点へ戻る。ヒナイ川沿いを5分くらい行くと、根元がタコの足にそっくりなアカギの木がある。それを過ぎると川と離れ山道に。

❿13:45 滝つぼ着

約20分アップダウンを繰り返すと、滝の音が近づいてきて、滝つぼへ到着！Tシャツの下に水着を着て行って滝つぼで泳ぐのもいい。ここもすべりやすいので注意が必要だ。

⓫15:00 干潟着

同じ道をたどり船浦湾の干潟に戻ってきた。午前中よりも潮が引いていて、裸足で歩くと気持ちがいい。ミナミコメツキガニもたくさんいる。

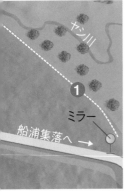

ヤシ川

① ミラー

船浦集落へ →

※示したタイムは休憩なども含んでいます。目安にしてください

美しいサンゴ礁を シュノーケリング

西表島の海は、眺めるだけでも十分きれいだが、海のなかはもっとすばらしい。美しいサンゴのまわりにカラフルな魚たちが泳いでいて、浅いところなら、シュノーケリングでも楽しめるのだ。陸からは行けない秘境のポイントを案内してくれる「しげた丸おもしろ1日ツアー」はリピーターも多い。

外離島・内離島を 遠望し 船浮集落を探索

トイレ・シャワー、デッキ完備のしげた丸は祖納港を出発。シュノーケルの前に、白浜港や内離島・外離島を海の上から遊覧し、船でしか行けない船浮（p.109、118参照）に上陸。カマドマの碑など港周辺を案内してくれる。

マスクとゴーグル、フィンをつけていざ海へ

3点セットやウェットスーツのレンタルもある。ボートの上で着替えるので、Tシャツの下などに水着を着て行ったほうがいい。

クイラ川支流を さかのぼって水落の滝へ

続いてマングローブの茂る川を進み、水落の滝をボートから遊覧する。メニューはもりだくさん、1日たっぷり楽しめるのが醍醐味だ。船酔いする人には酔い止め薬も用意されている。

小さな魚がいっぱいのサバ崎

シュノーケリングポイントは全部で3ヵ所。各ポイントでたっぷり時間がとられている。はじめはゴリラ岩の近くのサバ崎。3ヵ所のなかでは、とくに魚がたくさん見られるところ。

西表島周辺での
シュノーケリング

　ボートで行くポイントは、流れがなくて浅いところ。今回訪れた場所のほか、崎山やバラス、鳩間島周辺にいくつか点在する。浅いといっても、足は立たないと思っていたほうがいい。シュノーケルの使い方を完全にマスターしていないと危険だ。ツアーに参加するのが無難。

網取付近の
色とりどりのサンゴ礁

　水深1mくらいで、太陽の光がさんさんと降り注いでいる。ここはサンゴの種類が多いのが特徴だ。まわりにはスズメダイの仲間をはじめ、たくさんの魚が泳いでいる。浜辺も近いので、泳いで上陸することも可能。船の上で配られたお弁当を食べた後は、ダイナミックな地形が楽しめる外離島のポイントへ。3ヵ所とも海の様子ががらっと異なるのもおもしろい。

↑

→ ## ソーセージをまくと
魚が寄ってくる

　前もってソーセージを用意しておこう。船浮の売店でも売っている。海のなかでちぎってまくと、魚たちがおもしろいように集まってくる。

美しいサンゴ礁をシュノーケリング

シュノーケルを楽しませてくれる案内人
しげた丸　☎0980-85-6300

　船長は繁田昌宣（しげたまさのぶ）さん。シーズンオフは海人（うみんちゅ）をやっていて、海のなかは知り尽くしている。みんなが泳いでいる間もデッキの上から監視していてくれているので心づよい。所要約5.5時間の「しげた丸おもしろ1日ツアー」は8000円。1日潜って、泳いで、観光できるのでとてもお得。祖納港には15：00に着き、石垣からの日帰りもできる。

のんびり島時間
船のみで渡る船浮

西表島では、さまざまなアクティビティ
を楽しみたいという人も多いけれど、
最果ての集落でのんびり過ごしてみる
というのも、贅沢な島旅の楽しみ方だ。

西表島の一番奥にひっそりとある
船でしか行けない集落

　周囲が130kmほどある西表島は、沖縄県
でも本島に次ぐ面積をもっている島であ
る。しかし、島を一周できる道路はなく、島
の南西部には道が通じていない。では、道路
が通じる端っこの場所は、一体どのように
なっているのだろうか?

　道路の南東側の先端にある南風見田の浜
(P.110参照)は、南側に海が広がる明るい
印象のビーチだ。一方、南西側の先端は、緑
濃い森が海岸線まで迫る道を進み、最後に
トンネルを抜けると、白浜という集落へ行
きつく。島をめぐる道路は白浜で行き止ま
りになるが、集落はここで終わりではない。
そこから先に、船でしか行けない船浮とい
う集落があるのだ。

　白浜港から出航する定期船ニューふなう

定期船「ニューふなうき」
白浜港 ⇔ 船浮港:往復960円、所要約10分、1日
5便
☎0980-85-6552(船浮海運)

きに乗ること約10分。内離島という無人島
との間の細い海峡を通り抜けると、秘境感
たっぷりの船浮湾に出る。緑深い山々に囲
まれ、穏やかに水をたたえた湾の行く先に
あるのが、40名ほどが暮らす船浮だ。

　船浮の集落では港を中心に民家が建ち並
び、海沿いに続く道を北へ進むと、かまどま
広場という場所に出る。かまどまとは、かつ
て船浮に住んでいたと伝わる絶世の美女の
ことで、八重山民謡「殿様節」ではその恋模
様がうたわれている。この広場にはクバデ
サという巨木があり、その木の下には「かま
どまの碑」が立っている。

船浮集落から西側へと抜ける道を進むとイダの浜へ

かまどま広場にある見事な枝ぶりのクバデサの巨木

美しさに圧倒されるイダの浜。シュノーケルを楽しむのも、ビーチでのんびりするのもいい

沖縄屈指の美しいビーチで静かに過ごす

　船浮へ来たら必ず訪れておきたいのが、イダの浜だ。港から徒歩で約10分、亜熱帯の雰囲気が漂う森を抜けると、目の前に広がる白い砂浜と真っ青な海は圧巻だ。

イダの浜へと続く道は木々が生い茂り、きじむなー（P.149参照）でも出てきそうな雰囲気

　沖縄の中でもとくに美しいビーチとして知る人ぞ知るイダの浜。訪れる人が少ないのもまたいい。シュノーケルで海中を楽しむのもよし、浜辺で穏やかな波の音に耳を傾けるのもよし。ただし、森の中に入らないと日陰がないので、日焼け対策も万全にしておこう。また、シュノーケリングツアーな

どを催行している「ふね家」（P.109参照）のツアーを予約してみるのもいい。

　イダの浜で美しい海を満喫したら、もと来た道を、船浮の集落へと戻る。かまどま広場のそばには、イノシシカレーなどが味わえる喫茶「ぶーの家」（P.112参照）があるので、そこでひと息を入れるのもいい。

　アクティブに動き回る旅スタイルだけが西表島の楽しみ方ではないことを、島の奥深くに控えている小さな集落がそっと教えてくれる…そんな場所が船浮なのだ。

船浮港。素朴な印象の集落が出迎えてくれる

かまどま広場の近くにあるイリオモテヤマネコ発見捕獲の地の標柱

集落内にポツンとある、どこか哀愁漂うポスト

イノシシカレーも味わえる「ぶーの家」

西表島の自然を
楽しむための準備

ありのままの自然があふれる西表島。それだけに、フィールドへ出る前に服装や持ち物は万全にしたい。天気も急に変わることがあるので、注意しよう。また、体の調子が悪かったり、迷ったりしたときは引き返すことも必要だ。ゴミは持ち帰ること。

山へ

トレッキング編

持ち物は日帰りの場合、水筒、カッパなどの雨具、軍手、虫よけスプレー、お弁当、非常食など。両手があくデイパックなどがいい。いずれにしても、必要最小限にすること。日差しが強いので、帽子や長袖の服、サングラスも必携だ。足元は毒のある植物や虫から守るために、長ズボンでスニーカーが望ましい。ピナイサーラの滝へ行く場合は、マリンブーツなど濡れてもいい靴や短パンがあると快適。

●帽子
●デイパックなど
●軍手
●ゆったりめの長ズボン（Gパンは歩きづらい）
干潟を歩く場合、下にハーフパンツをはいておき、長ズボンを脱げば服が濡れずに済む
●長袖のシャツ
下にTシャツを着ていき、暑くなれば脱ごう
●スニーカー

●帽子
●Tシャツ
日焼けとケガ防止。長袖だといい
●軍手
サンゴや毒のある生物から手を守る
マリンブーツがなければデッキシューズやズックでもOK
●スパッツかハーフパンツ
ヒザなどをサンゴで傷つけないために

※集落内を水着のまま歩くのは控えよう

海へ

シュノーケル編

持ち物はつばの広めの帽子、タオル、着替えのTシャツなど。サングラスや日焼け止めも必要だ。泳ぐときは、ウエットスーツなどがない場合、水着の上に、Tシャツ（できれば長袖）、スパッツなどを着る。日焼けはもちろんのこと、サンゴや毒のある生物から身を守ることができる。手も同様、サンゴや岩で傷つけることがあるので、軍手があるといい。リーフや海岸付近の岩場では、マリンブーツが濡れてもいい靴で。

泳いだり岩場を歩くときに便利なマリンブーツ。アウトドアショップで5000円くらい

川へ

カヌー編

長時間、川や海にいるので、トレッキングやシュノーケリングと同様、帽子やサングラスなど、日焼け対策は入念にしたい。カメラや財布などの貴重品は防水のドライバッグがあると便利。収納が限られているので荷物はできるだけ少なめがいい。靴や服装は万が一濡れてもかまわないスタイルで。11〜3月の冬場は、濡れると体が冷えるので上下セパレートタイプのレインコートを着用しよう。汗をかいたら脱げるように薄手のものを重ねて着よう。

ドライバッグはダイビング用品のショップなどで1500円くらいから。大きさはいろいろある

海で、山で、川で！ 自然を満喫
マリン・フィールドアクティビティ

西表島では新しい発見がいっぱいのフィールドを
たっぷり堪能したいもの
手つかずの大自然を楽しむには
現地を知りつくしたプロに委ねよう

ダイビング	**TAKEダイビングスクール** ☎0980-85-6871	【船浦】初心者でもOKのアットホームなダイビングサービス◆体験ダイビング（水中ビデオ付き）1万6500円◆2ボートダイブ1万5400円
	西表島ミスターサカナダイビングサービス ☎0980-85-6472	【上原】フィッシュウォッチング派もゆったり潜れる◆体験ダイビング＆スノーケリング1万6500円◆2ボートダイブ1万5400円
	ホットマングローブ ☎0980-84-8282	【上原】さまざまなリクエストに応えてくれる。ビギナーでも安心◆体験ダイビング1万4300円◆2ボートダイブ1万5400円
	ダイビングチームうなりざき ☎0980-85-6146	【住吉】イルマーレウナリザキ・ヴィラうなりざきと同経営の老舗ショップ◆体験ダイビング1万6500円◆2ボートダイブ1万5400円
シュノーケリング・クルージング・体験フィッシング	**マリンレジャー金盛** ☎0980-85-5378	【南風見】◆仲間川遊覧ボート（1時間）2000円◆仲間川カヌー1日コース1万1000円・半日コース5500円
	マリンサービスパッソ ☎0980-85-6330	【上原】◆バラス島、鳩間島シュノーケリングコース1日コース1万1000円・半日コース7500円
	民宿マリウド ☎0980-85-6578	【船浦】◆バラス島・鳩間島シュノーケリング1日1万3000円（2名以上・1人につき）◆ピナイサーラの滝ツアー1日コース1万円
	ロビンソン小屋 ☎090-2397-4759	【上原】◆リーフ釣り1人5000円〜（2名より）◆ロビンソン小屋のカヌー（1隻、2人乗）1日7000円＋ガイド料1人3500円×人数＋1000円
	西表島アイランドサービス空海 ☎0980-85-6290	【干立】◆サバニ体験ツアー2時間3500円◆水落の滝カヌー＋シュノーケリングツア1万2000円◆2ボートダイブ1万3000円〜
	屋良商店マリンタクシー ☎0980-85-6126	【白浜】◆水落の滝・船浮湾遊覧チャーター料1万円＋ガイド料1人2000円×人数分◆サガリバナツアー（4名以上）1人4000円
カヌー・ネイチャーガイド	**南風見ぱぴよん** ☎0980-85-5538	【南風見】20年以上前からカヌーを始める先駆者。石垣からの日帰りも歓迎◆マングローブカヤック＆トレッキングツアー1万円
	海歩人 ☎0980-85-5980	【大富】8人までの少人数制◆アドベンチャーツアー（カヌー、キャニオニング、ケイビング）1万8000円◆マングローブカヌー＆キャニオニング体験1万5000円
	村田自然塾 ☎0980-85-6425	【上原】塾長の村田行さんは、かつての環境庁のイリオモテヤマネコの調査に加わるなど、西表の自然に詳しいガイド◆ピナイサーラの滝（半日コース）7000円、（1日コース）1万円
	三拝云 ☎0980-85-6508	【上原】民宿カンピラ荘直営。収穫時、もぎたてパインが食べられる◆ピナイサーラの滝（半日）7000円◆ピナイサーラの滝（1日）1万2000円
	西表島バナナハウス ☎0980-85-6175	【上原】西表島の山や川や海を案内。希望に応じてコース設定してくれる◆マヤグスクの滝自然観察1万5000円〜◆西表島横断道の自然観察1万8000円〜※人数によって料金は変動
	西表島自然学校 ☎090-4350-5102	【上原】西表島に住んで20数年の夫婦がガイドを務め、カヌー、スノーケリング、ダイビング、ナイトツアー、宿泊と多様に対応。ピナイサーラの滝壺マングローブカヤック半日ツアー8800円。
	西表島エコツーリズム協会 ☎0980-85-6331	自然を感じ、学ぶための環境教育プログラムを団体のニーズに合わせて開催。◆マングローブで遊ぼう◆ネイチャーウォーク（ウタラ炭坑跡と森の自然）◆サンゴのエコパック作り

※ほかにしげた丸が「おもしろ1日ツアー」を実施。p.117参照

121

泊まる

西表島には、コテージタイプの宿やペンション、民宿が主流。ダイビングやカヌーのショップ、みやげ物屋は西部に多い。また、ほとんどの宿は港からの送迎があるので、船に乗る時間を伝えておこう。

豊原
🌙 ⭐
ラ・ティーダ西表リゾート
ら・てぃーだいりおもてりぞーと

地図 p.98-B
大原港から送迎 🚗 5分

東部エリア唯一の本格的なホテルとして豊原の丘に建つ。晴れた日には波照間島や新城島が見えるロケーション。赤瓦のコテージのほか、アネックスがあり、各部屋には、南国をイメージした家具が配されている。夕食（完全予約制）は和食のコースを味わうことができる。

📞 0980-85-5555
ℹ️ 32室
💴 1泊2食付1万4250円〜
※ 施設：レストラン
※ アクティビティ：地元のショップを紹介

🌙 ●● ⭐
星野リゾート西表島ホテル
ほしのりぞーといりおもてじまほてる

地図 p.98-A
上原港から送迎 🚗 10分

波が穏やかなトゥドゥマリ浜沿いに位置する西表島最大のリゾートホテル。イリオモテガイドウォーク（ジャングルコースとマングローブコース）、ヤエヤマボタル鑑賞ツアー、イリオモテヤマネコ痕跡ツアーといった豊富なアクティビティが用意され、生命力溢れる西表島を満喫できる。

また西表スパは5種類のメニューが用意され、極上のリラクゼーションタイムを過ごすことができる。レストランは宿泊者専用。

📞 050-3134-8094
ℹ️ 139室
💴 1泊朝食付2名1室（1名）1万8200円〜
※施設：レストラン2、スパ／マッサージ1、プール1

高那
⭐
西表島ジャングルホテルパイヌマヤ
いりおもてじまじゃんぐるほてるぱいぬまや

地図 p.98-B
大原港から送迎 🚗 30分（要予約）

「パイヌマヤ」とは南の猫という意味。今にもイリオモテヤマネコに遭遇しそうなジャングルを背景にしたロケーションに建つ。客室はスタンダード、デラックス、リゾートと3タイプあるが、どれもゆったりした広さ。全館禁煙だが、

リバーサイドテラスに喫煙コーナーを設置している。オプションとして、海・山・川で遊べる自然体験プログラムも豊富に用意されていて、まさに西表島ならではのジャングルをまるごと楽しみながら滞在できる。

📞 0980-85-5700
ℹ️ 29室
💴 1泊2食付2名1室（1名）9025円〜
※ 施設：レストラン
※ アクティビティ：カヌーツアー、トレッキングツアー、ナイトツアーなど

ペンションなかまがわ
大富

地図 p.99-A
大原港から送迎 🚗 5分

　大富集落にあるこぢんまりとしたペンション。料理は、オーナー夫妻が採った魚や島の野菜を内地風にアレンジ。カウンターバーには、八重山の泡盛が揃う。各部屋にバス・トイレが付いており、清潔で明るい。敷地内に「クラフト輝」を併設。挽きものといわれる木工品を製作販売している。

📞 0980-85-5407
ℹ️ 4室　💴 1泊2食付7500円

エコヴィレッジ西表
高那
えこゔぃれっじいりおもて

地図 p.98-B
大原港・上原港から 🚗 20分

　自然あふれる高那に建つプチホテル。客室は天井が高く、バリ島直輸入の家具が配されている。シングルルームが6室あって、ダイビングやカヤックなどを楽しむ一人客にも向く。夕食は4000円で、沖縄のコース料理。

📞 0980-85-5115
ℹ️ 14室
💴 1泊朝食付1万1800円〜

いるもて荘ユースホステル
船浦
いるもてそうゆーすほすてる

地図 p.99-C
上原港から 🚗 3分

　緑の芝生の向こうに青い海と鳩間島を望むリゾートムードたっぷりのユースホステル。女性ひとり旅でも安心。会員以外でも宿泊でき、空室があれば個室対応も可能。バス・トイレ付きのペンションタイプの部屋もある。

📞 0980-85-6076
ℹ️ 10室
💴 YH会員　3300円〜
　　一般　4536円〜

西表島

イルンティフタデムラ
干立

地図 p.98-A
上原港から 🚗 20分

　西表島の中でも古い歴史をもつ干立集落の集落内に点在する一戸建てのコテージを宿泊棟としている。赤瓦のコテージは雰囲気も良く、木の香りが漂う建物も心地よい。

📞 0980-84-8484　ℹ️ 9棟
💴 素泊まり6000円〜
※ハイシーズン(GW、7/21〜9/30、12/27〜1/3)は7000円〜

琉夏
住吉
るか

地図 p.99-B
上原港から送迎 🚗 10分

　海まで徒歩30秒の好立地にあり、漆喰で仕上げた赤瓦、広い縁側とイヌマキ柱など、沖縄の伝統建築を再現。部屋はヒノキのフローリング。朝食付きで、夕食は外食を推奨。住吉地区の徒歩圏内に5軒ある。

📞 0980-85-6645
ℹ️ 4室
💴 2名1室(1名)2万2000円

海の家南ぬ風
干立
うみのいえぱいぬかじ

地図 p.98-A
上原港から送迎 🚗 20分

　昔ながらのたたずまいが残る干立集落に立地。西表出身の島唄歌手「南の風人まーちゃん」の両親と兄弟が経営している宿。料理は島の食材が盛りだくさんで、特別料理としてイノシシやガザミ料理もある。「やまねこ学校」を併設。

📞 0980-85-6411
ℹ️ 13室　💴 1泊2食付9350円〜

🌙 大原 ⭐
民宿やまねこ
みんしゅくやまねこ

地図p.99-A
大原港から🚶3分

素泊まりのみだが、キッチンが自由に使える。全9室。

📞 0980-85-5242
💴 素泊まり2000円

🌙 住吉 ⭐
民宿母屋
みんしゅくままや

地図p.99-B
上原港から送迎🚗10分

星砂の浜やトゥドゥマリ浜は徒歩圏内。

📞 0980-85-6718
🛏 4室 / 💴 1泊2食付7500円～

🌙 住吉 ⭐
さわやか荘
さわやかそう

地図p.99-B
上原港から🚗10分

高台にあり、夕日がきれい。Wi-Fi完備。食事は島の食材を使用。

📞 0980-85-6752
💴 1泊朝食付6200円～

🌙 星砂の浜 ⭐
ペンション星の砂
ぺんしょんほしのすな

地図p.99-B
上原港から🚗10分

客室から星砂の浜を望める。ダイビングサービス併設。

📞 0980-85-6448
💴 1泊朝食付8500円

🌙 住吉 ⭐
ティンヌカーラ

地図p.99-B
上原港から🚗10分

展望ジャグジー付きツイン、テラスジャグジー付きなど全3室。

📞 0980-85-6017
💴 1泊朝食付1万2000円～

🌙 白浜 ⭐
海人の家
うみんちゅのいえ

地図p.98-A
上原港から🚗20分

体験滞在交流型の宿泊施設。シャワー、トイレ、エアコン付き。

📞 0980-85-6119
💴 1泊朝食付3500円～

大富	竹盛旅館	📞0980-85-5357／地図p.99-A／💴1泊2食付9300円～ ●自然を調査する学者や研究者も多く訪れる。和室、大部分がバス・トイレ付き。
船浦	民宿マリウド	📞0980-85-6578／地図p.99-C／💴1泊2食付6500円～ ●船浦湾を見下ろす高台に建ち、風通しのいい民宿。
上原	シーサイドペンションBUFF	📞0980-85-6407／地図p.99-B／💴1泊2食付6820円～ ●上原小学校の向かい側。部屋のすぐ裏手には美しいビーチが広がる。
住吉	ヤマピカラ	📞0980-85-6765／地図p.99-B／💴1泊朝食付6300円～ ●全ツインタイプの洋室。寿司店の初枝(p.113)に併設する。
白浜	金城旅館	📞0980-85-6351／地図p.98-A／💴1泊2食付6000円 ●上原港から🚗20分の白浜地区に立地。釣りやカヌーの拠点に便利。
船浮	民宿かまどま荘	📞0980-85-6165／地図p.98-A／💴1泊2食付6000円 ●船浮港からすぐ。コテージタイプの部屋もある。食堂を併設している。

TEKU TEKU COLUMN

おすすめキャンプ場

民宿マリウドが経営する「ミトレアキャンプ場」(地図p.99-C)1泊1000円(📞0980-85-6610)は、高台にあり、居心地がいい。温水シャワーが自由に使える。星砂の浜の前には「星の砂キャンプ場」(地図p.99-B)1泊500円(10泊まで)(📞0980-85-6448)がある。東部の「南風見田キャンプ場」1泊500円(📞090-9781-0940)には水のシャワーのほか屋根付きのドラム缶風呂が完備されている。

鳩間島

エリアの魅力

ネイチャー
★
赤瓦
★★★
リゾート
—

エリアデータ

標高
鳩間中森34m
面積
0.96㎢
周囲
3.9km

人口
48人

時間がゆっくり過ぎる小島で
何もしない贅沢を味わう

沖縄でも有名な民謡「鳩間節」の舞台で、西表島の北、5kmに浮かぶ。数軒の民宿があるほか、ほとんど観光地化されておらず、のんびり過ごしたい人には最良の島だ。鳩が多く「ポーポーペポー」と特徴ある声で聞こえてくるのはズアカアオバトの声。

HINT
鳩間島への行き方

※上原港～鳩間島の
高速船は1日1便

高速船
約10分、1010円
フェリー
約30分、710円

※フェリーは
週1便のみ

高速船
40分～、2690円
フェリー
100分～、2050円

鳩間島
鳩間港
上原港
離島ターミナル
石垣島

POINT
ビーチ情報

島の北側の島仲浜や立原浜は、夏は波もおだやか。潮が引くと礁池が出現し、魚やサンゴを観察できる。西側の屋良浜（p.126）は砂地が長く続く。

● 島内の交通
あやぐ（☎0980-85-66
27）とペンションマイトウ
ゼ（p.126参照）でレンタ
サイクルを扱っている。
集落は南側の海沿いにあ
り、キャンプは禁止。

問い合わせ先

● 観光全般
p.22参照
● フェリー
八重山観光フェリー
☎0980-82-5010
安栄観光（フェリー）
☎0980-83-0055
石垣島ドリーム観光
☎0980-84-3178

125

見る&歩く

鳩間中森
はとまなかもり

地図 p.126
鳩間港から🚶10分

　標高33.8mの島の最高地点で、石積みの遠見台と鳩間灯台が建つ。民謡『鳩間節』は、ここから見たすばらしい眺めを讃えながら島人の生活を歌詞にしている。西表島が大きな大陸のように見える。

↑屋良浜／白砂の浜が続く。西表島の島影を眺めながら、一日中ゆったりと過ごしていたい場所だ。

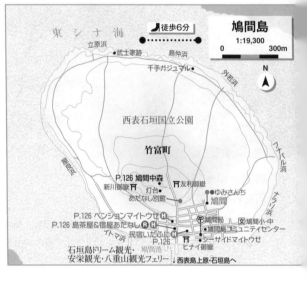

♩徒歩6分

鳩間島
1:19,300
0　　　300m
N

東シナ海

立原浜
・武士家跡　島仲浜
千手ガジュマル・

外声浜

西表石垣国立公園

竹富町

P.126 鳩間中森　友利御嶽
　　　　灯台　　　・ゆみさんち
新川御嶽　あだなし別館　鳩間　ナラ浜
P.126 ペンションマイトウゼ
P.126 島茶屋&宿屋あだなし　鳩間島
　　　　　民宿いだふに　鳩間小・中
P.126　　　　　　　　鳩間島コミュニティセンター
石垣島ドリーム観光・　シーサイドマイトウゼ
安栄観光・八重山観光フェリー　ヒナイ御嶽
　　　　　　　　　　→西表島上原・石垣島へ

STAY

宿泊ガイド

民宿いだふに	♩0980-85-6374／地図p.126／❶6室／❤1泊2食付5500円 ●石垣の浮き玉が目印。オーナーは民謡歌手。全室エアコン、冷蔵庫完備。
ペンションマイトウゼ	♩0980-85-6166／地図p.126／❶9室／❤1泊2食付6000円 ●バンガロータイプの個室。食事は徒歩5分、海の前に建つ茅葺き小屋でとる。
民宿あだなし	♩0980-85-6780／地図p.126／❶6室／❤1泊素泊まり4000円(夏期エアコン代500円) ●鳩間港から100歩の立地。星空体験プログラムなどを催行。呑み処とカフェを併設。

TEKU TEKU COLUMN

鳩間島音楽祭

　毎年5月3日は人口約60名の島に、日本全国から千名以上の人が集まる。2017年で第20回を数える「鳩間島音楽祭」が開催されるためだ。屋外のステージでは、島の民謡からポップス、サンバなどの民族音楽までさまざまな楽曲が演奏される。初回は島の唄者が庭先で初めた小さな音楽祭。今や八重山を代表するイベントのひとつとなっている。

波照間島

エリアの魅力

ネイチャー
★
赤瓦
★★★
リゾート
—

エリアデータ

標高
60m
面積
12.77㎢
周囲
14.8km

人口
482人

波照間島

太陽がじりじりと照りつける
日本最南端の有人島

「はてるま」とは「果てのサンゴの島」という意味で、人が住む島では日本の最南端にある。集落には赤瓦の民家や古い石垣と防風林のフクギなどが残り、昔ながらのたたずまい。一面に広がるサトウキビ畑も島を象徴する風景のひとつで、ゆったりした時間が流れている。星空はひときわ美しく、訪れる天文ファンも多い。

波照間島への行き方

フェリー
所要約2時間
2490円
※火・木・土曜

高速船
所要約60〜80分
4070円

石垣島

離島ターミナル

波照間島 波照間港

島内の交通［レンタバイク・レンタサイクル］

日帰りなら、クマノミ（☎090-8290-2823）や西浜荘（☎0980-85-8290）で自転車や原付をレンタルしよう。

問い合わせ先

● 観光全般
p.22参照
● 高速船
安栄観光
☎0980-83-0055

最南端の交番

●マリンレジャー情報
ダイビングは、いしの荘（☎0980-85-8469）で。体験ダイビングも楽しめる。

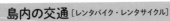

波照間島の見どころ

島は台形状になっていて、海岸や港から集落に向かう道はほとんどが上り坂。メインの交通手段である自転車で島の見どころをまわるなら、半日以上はみておきたい。

サトウキビ畑が連なる似たような風景が続くので、迷うことも多い。また、集落をはずれると食堂や商店、自動販売機などはないので気をつけよう。

ニシ浜ビーチ

ビーチで
のんびり

島最大の観光ポイントともいうべき美しいビーチ。泳ぐのもよし、木陰で読書するのもよし。やや沖合(上の写真では、海の色が濃くなっている所)にはサンゴが群生し、カラフルな魚も見られる。

コート盛

かつて海上を監視し、西表島の南風見の番所に伝えるために烽火が上げられていた。2層の渦巻き型に琉球石灰岩が積み重ねられ安定している。まわりに何もないので眺望は抜群。

地図内:

石垣島へ
安栄観光
波照間港
波照間船客ターミナル
あだん
西浜荘レンタサイクル
西浜荘
波照間製糖
下田原城跡
ぶりぶち公園
学童慰霊の碑
P.128 ニシ浜ビーチ
浜崎
P.131 ペンション最南端
P.130 モンパの木
P.130 みんぴか
P.130 あやふぁふぁみ
藤井惣菜・青空食堂
P.131 はなこ旅館
ハマシタン群落
樹齢数百年といわれる町の天然記念物
素泊まり民宿 やどかり P.131
名石
コート盛 P.128
波照間小学校
ほてるま ふれあいセンター
北
南
富嘉
冨嘉売店
クマノミ P.127
右上図
風力発電の風車が立つ。迷った時の目印になる
竹富町
西表石垣国立公園
ペー浜
毛崎
底名溜池展望台
遊泳禁止だが、貝がらや流木が打ち上げられるので、ビーチコーミングには最適
海岸道路 P.128
ペムチ浜

日本最南端の碑

東経123度47分、北緯24度2分の日本最南端。高那海岸に位置する。1972年日本復帰を記念して、全都道府県の小石を持ちより、蛇をデザインした小道がつくられ、その先に最南端の碑が建っている。

ヤギ

人見知りで
人なつこい

ヤギのいる風景は波照間島らしい。緑の草地のなかからひょこっと出てくる。小さいときに放し飼いにされていたヤギが、そのまま逃げて野生化したものも多い。よく見ると表情豊か。

海岸道路

サイクリング
に快適

一周道路のほかにも道路がどんどん整備され、雨の降った後でも走るのは快適。舗装道路沿いには観光ポイントへの表示板が出ていることもあるので、迷ったら大きな道路に出てみよう。念のため地図は必携だ。

泡波

幻の酒と
いわれる

あわなみ

生産量が少ないため、ほとんど島の外には出ず「幻の泡盛」といわれている。集落にある売店をのぞいてみて、手に入ったらラッキーだ。民宿や食事処など島のなかで味わうのがいちばんうまいはず。

波照間島中心部

1:10,900　0　　　200m

波照間港へ
シシ石
コート盛 P.128
いしの荘
ダイビング
サービス
いしの P.127
名石
みのる荘
P.131 まんや
波照間酒造所
JA
波照間局
波照間診療所
居酒屋あかん P.130
うるま家
波照間駐在所
名石共同売店
波照間小・中
NTT波照間電話交換局
はてるま幼稚園
P.131 ゲストハウスnami
波照間青年会館
町役場出張所
はてるまふれあいセンター
まるま店
オケヤアカハチ
生誕の地
南共同売店
P.131 星空荘
たかな
仲底商店 gallery shop+cafe
P.131 ホテルオーシャンズ
南
前
アラントウ御嶽
勝連荘
けだもと荘 P.131
味○
ハウス美波 P.131
kukuru cafe P.130

あがた村
若夏国体
採火の地
丸友店
照島荘

徒歩4分

竹富町

A

B

N

1:40,900　0　　　800m

N

シムスケー

一周道路

徒歩16分

波照間空港

灯台

P.129
星空観測タワー
高那崎
日本最南端の碑
P.128

最南端到達
の記念に

日本最南端の証

　最南端の波照間島の高
那崎に足跡を残したとい
う証明書。竹富町観光協会
発行版。港ターミナル売店
あだんなどで入手できる。
1部500円。

波照間島

星空観測タワー

　最南端の高那崎の近
く。200ミリ屈折式望遠
鏡を備えた観測ドームと
波照間の星を説明するド
ームがある。雨天や曇天、
昼間でも星座を楽しめる
のがうれしい。
　休館中で、沿岸部にあ
って塩害が起きやすいた
め、移転も検討される。

天体観測にぴったりなわけ

　日本では南に行くほど多
くの星が見える。そのわけ
は、北半球から見ると地球
は北極星を軸に回転してい
るので、より赤道に近いほ
うが、地平線に沈んだ星が
少なくなるからだ。そのう
え上空にジェット気流がな
いので、気流が安定。空をさ
えぎる山がなく、人工的な
明かりが少ないのも大きな
要因だ。ちなみに、波照間で
南十字星の4つの星が見え
るのは12月上旬から6月
上旬の半年間。

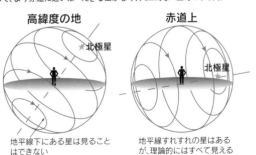

高緯度の地
北極星
地平線下にある星は見ること
はできない

赤道上
北極星
地平線すれすれの星はある
が、理論的にはすべて見える

買う＆食べる

モンパの木
もんぱのき

地図 p.128
波照間港から 🚗 5分

オリジナルＴシャツ（22
00円〜）や手ぬぐい（900円
〜）が人気。周辺の海で採取し
て作る夜光貝細工のアクセサ
リー（500〜5000円）もある。

📞 0980-85-8354
🕐 11:30〜13:00、
15:00〜17:00 ㊡不定

kukuru cafe
くくるかふぇ

地図 p.129-B
波照間港から送迎 🚗 5分

日本最南端に位置する隠れ
家的カフェ。ククルとは心と
いう意味の島言葉で、森に囲
まれたテラス席はバリ島気
分。島豆腐の玄米ベジタコラ
イスや島豆腐のキーマ風カレ
ー、島豆腐のガトーショコラ
などオーガニック中心のもの
を提供する。

📞 0980-85-8135
🕐 10:00〜15:00 ㊡不定休

あやふぁみ

地図 p.128
波照間港から 🚗 5分

食堂あるいはカフェとし
て、地元人も集まってくる。島
野菜カレーライス（800円）や
三枚肉の塩漬けのスーチカ定
食（1300円）など沖縄家庭料
理が好評。

📞 0980-85-8187 🕐 11:30〜
15:00（季節で変動）㊡不定

居酒屋あがん
いざかやあがん

地図 p.129-A
波照間港から送迎 🚗 5分

民宿も経営している居酒屋
あがんは地元の人にも人気の
店。おすすめメニューの豚三
枚肉のオリジナル生姜焼き。
八重山そばの定番トッピング
の三枚肉だ。幻の泡盛「泡波」
をゆっくり味わいたい。

📞 0980-85-8088
🕐 18:00
㊡日・月曜他不定休

みんぴか

地図 p.128
波照間港から 🚗 5分

ニシ浜ビーチに近いパーラ
ー。冷たくて甘い物でひと休
み。一番人気は、かき氷の波照
間黒みつスペシャル（500
円）。上品な甘さの黒糖が魅
力。黒みつがけ杏仁豆腐（お茶
付き）500円もお店の一押し。
店内の手書きの価格表も可愛
く、波照間ムード満点。

📞 非公開
🕐 11:00〜13:00、
14:30〜17:00
（冬期は変更あり）
㊡不定

TEKU TEKU COLUMN

ビーチ情報
　意外と断崖が多い島なので海水浴に適する砂浜は少
ない。そんななか海水浴やシュノーケリングにおすすめ
は、港の西側にあるニシ浜ビーチ。真っ白な砂浜と透き
通った海の美しさは格別だ。トイレとシャワー、更衣室
が完備している。シュノーケ
ル用の３点セットは民宿で貸
し出している。ペムチ浜は遊
泳禁止。写真はニシ浜。透明な
波が足元に打ち寄せる。

泊まる

民宿のほか、ホテル、ペンションが各1軒。繁忙期は早めの予約を。キャンプは禁止されている。

🌙 波照間島 ⭐

ゲストハウスnami
げすとはうすなみ

地図p.129-中心部B
波照間港から送迎 🚗 5分

宿泊者とのふれ合いも楽しい素泊まり宿。売店も近い。

📞 0980-85-8203
ℹ️ 8室　💴 素泊まり3000円

🌙 波照間島 ⭐

ハウス美波
はうすみなみ

地図p.129-中心部B
波照間港から送迎 🚗 5分

全室個室の素泊まり宿。各部屋にキッチン、シャワー、トイレ付き。WiFi利用可。星空撮影会初心者コースはカメラ機材貸し出しと説明会ありで5000円。宿泊予約はhttp://minami85.sakura.ne.jp/yoyaku.htmlから。

📞 090-8437-3132
ℹ️ 9室　💴 素泊まり4500円〜

🌙 波照間島 ⭐

はこな旅館
はこなりょかん

地図p.128
波照間港から送迎 🚗 5分

大自然にかこまれた3室だけの小さな隠れ家旅館。落ち着いたインテリアや琉球畳でリラックスでき、食堂からは、さとうきび畑も見える。

📞 090-1559-9899　ℹ️ 3室
💴 1泊朝食付8000円(2〜3名)、
1万3000円(1名)

🌙 波照間島 ⭐

民宿まんや
みんしゅくまんや

地図p.129-A
波照間港から送迎 🚗 5分

波照間島唯一のバリアフリーの宿。食卓に幻の泡盛「泡波」が用意されることもあり、島のおいしい食材の手料理を堪能できる。Wi-Fi、クーラー、テレビ完備。

📞 0980-85-8630　💴 1泊2食付6000円、朝食のみ4500円

🌙 波照間島 ⭐

ホテルオーシャンズ

地図p.129-中心部A
波照間港から送迎 🚗 5分

島内唯一のホテルで、施設も新しい。客室はツイン、シングル、ダブル、和室のタイプが揃う。レンタカー、電動自転車の貸し出しあり。

📞 0980-85-8787
ℹ️ 14室　💴 1泊朝食付7000円
1泊2食付8000円

🌙 波照間島 ⭐

ペンション最南端
ぺんしょんさいなんたん

地図p.128
波照間港から送迎 🚗 5分

ニシ浜ビーチを見下ろす丘の上に建つ。全室オーシャンビューで、ユニットバス、エアコン完備。3泊目から割引あり。

📞 0980-85-8686　ℹ️ 12室
💴 1泊2食付1万1000円〜

波照間島

素泊まりの宿やどかり	📞0980-85-8525／📍地図:p.128／💴素泊まり2800円 ●商店や食堂が近い。部屋は清潔で女性にも人気。ビーチまで徒歩10分。
星空荘	📞0980-85-8130／📍地図:p.129-中心部A／💴素泊まり4000円〜 ●バス・トイレ付きの洋室(6500円)もある。
けだもと荘	📞0980-85-8249／📍地図:p.129-中心部B／💴1泊2食付5000円 ●明るくて気さくな女将の人柄で、リピーターも多い。レンタサイクル無料。

与那国島

エリアの魅力

ネイチャー
★★★
赤瓦
★★★
リゾート
ー

エリアデータ

標高
宇良部岳231m
面積
28.84km²
周囲
28.6km

人口
1625人

黒潮がとうとうと流れる
日本最西端の島

　石垣島からの距離は117km、台湾までは111kmという日本の最西端。晴れた日にはうっすらと台湾の島影を望む。八重山諸島のほかの島と違って絶海の孤島にあり、おおらかな気質や独特な文化が育まれてきた。群青色の海を背景にダイナミックな自然景観が広がり、日本で一番最後に沈む夕日が心にしみる。

与那国島への行き方

　那覇からの航空便1日1便。石垣からは1日3便あり、この便を利用すると与那国島に約5時間滞在することができるので日帰り観光も可能だ。石垣からの船は週2便。外洋に出るので揺れるのは覚悟しておこう。

航空便
所要約1時間30分
3万9830円

那覇

石垣島

与那国島

航空便
所要約30分
1万8040円

フェリー（週2便）
所要約4時間
3550円

問い合わせ先

● 観光全般
与那国町観光協会
📞0980-87-2402
● 航空便
琉球エアーコミューター
📞0570-025-071
● フェリー
福山海運
📞0980-87-2555

リンジ礁の海や島じまを空の上から眺められる与那国への空路

島内の交通 [路線バス・タクシー・レンタカー・レンタバイク・レンタサイクル]

●路線バスを利用する

　3つの集落を結ぶバスが1日7便運行している。祖納は米浜自動車前、久部良は大朝商店前、比川は比川協同売店北側付近にバス停がある。指定されたバス停以外での乗り降りはできない。2023年3月現在、バス料金は各路線無料。

●レンタカー、レンタバイク、レンタサイクルを利用する

　島の見どころは、レンタカー利用なら3時間もあれば余裕をもってまわることができる。道路も整備されていて走りやすい。レンタカーは事前に予約したほうがベター。高低差があり、坂道が多いので、自転車は不向き。

●タクシーを利用する

　タクシーは初乗り470円。日本最西端やクブラバリ、比川浜など設定されたコースをまわる観光タクシーは3時間で2万220円〜（4名まで）。人数が揃えば効率的。

POINT

マリンレジャー情報

　海底遺跡ポイントやハンマーヘッドシャークなど、ダイビングが醍醐味。流れが速くベテラン向きだが、体験ダイビングを受け付けているショップもある。ほかに大物狙いのスポーツフィッシングやヨナグニウマの乗馬体験などが楽しめる（p.144参照）。

問い合わせ先

● バス・タクシー
最西端観光
☎0980-87-2441
● レンタカー、
　　レンタバイク
米浜レンタカー
☎0980-87-2148
与那国ホンダ
☎0980-87-2376
SSKレンタカー
☎0980-87-2441
ラクにコトー
☎090-2502-4792
民宿もすら
☎080-9851-7779
前竹工業
☎0980-87-3877

与那国島

TEKU TEKU COLUMN

人・モノ・情報が集まる
与那国空港

　与那国空港には観光に必要なインフォメーション、みやげ店、レストランが集まっている。とくに買い物は町なかより、品揃え豊富なので便利。店は飛行機の発着時間に合わせて開店するので、その時間帯に行けば確実に空港内で用が足りる。

　まず到着したら観光協会で観光パンフレットをもらおう。日本最西端の証（p.134）もここで発行している。空港内には「米浜レンタカー」があり、その場で手続きができる。みやげ店は「与那国町漁

与那国町観光協会の
空港窓口

食べ方にコツのある
クバの葉もち

協売店」「与那国空港売店」などがある。「西泊もち屋」にはクバの葉で包んだ素朴な、クバの葉もちを売っている。

与那国島・過ごし方のヒント

　朝のセリから夕日や星空まで、島を存分に楽しむならクルマやバイクを24時間借りておくのがいい。与那国では5時間でも24時間でも料金は1000円くらいしか変わらないのだ。アップダウンが続く道路は、走るにつれて景色も変化して飽きない。バス利用でも祖納集落やナンタ浜、比川浜、西崎などのおもなスポットへは行ける。

西崎で日本最後の夕日

　クブラバリの近くの「日本最後の夕日が見える丘」からは、西崎の灯台がシルエットになり、絶好のシャッターポイント。

久部良のカジキ水揚げ

　与那国漁協は久部良漁港にあり、2〜3mもある巨大なカジキが水揚げされる様子を見られることも。セリは朝8時30分頃から。

日本最西端の証

来島の記念になる
日本最西端の証

　空港にも窓口がある与那国町観光協会(p.132)、米浜レンタカー、オネマヒナ(p.142)などで日付と名前を入れて発行してくれる。1部500円。

! HINT

日没時間の目安
1月1日=17:30頃
4月1日=18:00頃
7月1日=19:15頃
10月1日=18:30頃
※その日の天候によっても多少異なる

　馬鼻崎
　北牧場
　ダンス浜
　与那国空港
　最西端レンタカー
216
日本最後の夕日が見える丘 P.134
クブラバリ P.140
ダイビングショップあーびゃん P.144
エデンの幸 旅物語
サザンコール
民宿はいどなん P.143
久部良小・中
民宿もすら
久部良岳 ▲195
森林公園・与那国岳 ▲132
石垣島へ 福山海運 P.140
西崎
久部良漁港
久部良
海響 P.142
Moist Roll Cafe P.142
民宿ねむら P.143
ペンションサザンスマイル P.143
与那国馬ふれあい広場 P.144
西崎展望台
日本最西端之地碑
ナンタ浜
与那国駐屯地
民宿よしまる荘 P.143
南牧場
比川小
比川 P.144
わかなそ
与那国ダイビングサービス P.144
与那国町漁業協同組合 P.134・144
与那国馬風牧場
カタブル

台湾がすぐそこ

　石垣島までの距離が125kmに対して、台湾までは111km。同じ沖縄県なのにどこか異国情緒が漂うのはアジアの大陸に近いせいかもしれない。天気のコンディションがよい時、西崎から台湾の島影がうっすら見える日が年に何日かある。

静かな比川集落

　TVドラマ「Dr.コトー診療所」のオープンセットが海岸沿いにそのまま残っている。館内の見学は1人300円(高校生以下無料)。9:00〜18:00、無休。

TEKU TEKU COLUMN

一周道路の標高差

　島を一周する道路は約20km。標高差は120mもある。毎年11月に行われる「与那国島一周マラソン」参加者の中にはこの高低差を楽しむアスリートも多い。

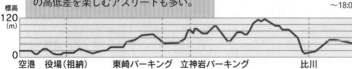

標高
120
(m)

0
空港　役場(祖納)　東崎パーキング　立神岩パーキング　比川　久部良

134

赤瓦が残る祖納

役場や消防署、企業の支店などがある島の中心。商店や居酒屋なども多い集落。与那国では以前の台風被害で少なくなった昔ながらの赤瓦の民家や、魔除けの石敢当（p.146参照）が見られる場所でもある。

世界最大の蛾

ヨナグニサンは羽を広げると20cm近くもある、世界最大の蛾。主な生息地が与那国島であることから名づけられた。アヤミハビル館（♪0980-87-2440、10～16時、火曜・祝日・年末年始休、500円）には、標本などを展示。

海底遺跡ポイント

新川鼻の海底には巨大な壁が高さ26m、幅は270mにもわたってそそり立ち、古代遺跡かと話題。ダイバーにも人気のスポットだ。グラスボートや半潜水艇で見ることができる。p.138参照。

HINT

テキサスゲートにご注意

舗装道路の途中に張られたテキサスゲート。放牧されているウマやウシが逃げないための鉄の柵でできた細工で、深さは30cmほど。バイクなどで転倒しないように気をつけよう。

民宿さんぺい荘 ⊞ P.143
祖納港
トグル浜
製糖工場
⚑ 浦野墓地群
▶ナンタ浜（波多浜）P.141
Ⓜ与那国町伝統工芸館
ツァ浜
Ⓖ
ダイビングサービスマーリン P.144
与那国町
アイランドホテル与那国休業中
サンディソゾ岬
ティンダハナタ P.141
崎元酒造所 P.137
右下図
Ⓜ
祖納港
P.141 ウブドゥマイ浜（東泊浜）
（与那国馬放牧地）
P.140 東崎
東崎展望台
東崎
P.140
⚐与那国町観光協会
アヤミハビル館 P.135
軍艦岩 P.140
サンニヌ台 P.140
P.137 国泉泡盛
宇良部岳
▲231
NTT鉄塔
立神岩展望台
与那国町
インビ岳
164▲
民宿山水荘
与那国海塩
民宿月の浜
「Dr.コトー診療所」オープンセット
比川浜 P.141
立神岩 P.141
人面岩
N
1:63,000
0 1km
ウバマ浜
新川鼻 ・海底遺跡ポイント P.138

与那国島

⚑ 浦野墓地群
祖納港
波多橋
Ⓗゲストハウスフィエスタ P.143
民宿さんぺい荘へ
◆マリンクラブサーウェスヨナグニ P.144 与那国町
崎原商店
P.143 ホテル入船 Ⓗ
Ⓡどうーらい P.142
P.141 ナンタ浜▶
与那国局 ⊤
Ⓗ入福旅館 P.143
Ⓜ与那国町伝統工芸館
与那国交流館
DiDi
ダイビングサービスショッキングブルー P.144
イベント広場（闘牛場）
217
のだけもち屋
ふじみ旅館
Ⓗ旅の館阿檀 P.143
P.142 ビアガーデン国境 Ⓡ
女酋長
与那国ホンダ Ⓖ
民宿おもろ
祖納港 ⚓
与那国中
P.142 ビアガーデン国境
ラーメン機
ENEOS
ふくやまスーパー
米浜レンタカー Ⓖ
Ⓗ民宿さきはら荘 P.143
祖納
⊕与那国町役場
⊕与那国診療所
祖納保育所
Ⓡパネス P.142
蔵盛製塩 P.142
与那国小
P.142
オネマヒナ
216
与那国空港へ
遊歩道
田原川
祖納
P.143 SAKURA HOUSE Ⓗ
♪徒歩4分
N
祖納
1:13,750
0 200m
ティンダハナタ P.141
▲85.8

135

与那国・花酒
アルコール度数60度の

泡盛づくり

花酒のできるまで　20日間

①蒸米・製麹

原料はタイから輸入された砕米。よく洗って糠を落としてから水に浸し、水分を切る。蒸し器で1時間ほど蒸したあと、沖縄独特の黒麹菌を散布し、35～39度の温度で2日間寝かせると、ぷくぷくと熟成してくる。

②仕込み

熟成した黒麹に水と酵母を加えると発酵し「もろみ」になる。もろみになるまで、仕込みがめで夏は12～14日、冬は15～17日かかる。

水と黒麹と酵母を入れる

③蒸留

もろみを独特の単式蒸留釜に移して、火熱を加えて蒸留する。約2時間半で、香り豊かな泡盛が誕生。このとき最初に出てくるハナダレと呼ばれる初留酒が「花酒」である。

蒸留釜に火を入れて、もろみを蒸留する

もろみタンクに移し熟成させる

④貯蔵・熟成

蒸留した泡盛は貯蔵タンク入れて、さらに熟成させたあと、おなじみの瓶や壺などの容器に詰められ、出荷される。

古酒（くーす）とは

一般的に造ってから3年以上、貯蔵した泡盛をいう。まろやかでほんのり甘みがあるのが特徴だ。泡盛のなかでも高級酒に入り、ブランデー感覚で味わえる。

味を落ち着かせるために半年～1年寝かす

瓶詰めされる

日本最西端の与那国島には、蒸留したてのアルコール分60度という泡盛が存在。国税庁の超法規的なはからいで認められている。ジン、テキーラなどと同様にスピリッツと呼ばれる蒸留酒の部類に入るこの泡盛は、水を注ぐとふわっと乳白色に濁ることから「花酒」とも呼ばれている。純度が高く、日本酒でいえば「一番搾り」にあたり、芳醇で香りが豊かなのも特徴だ。沖縄県内でもこの島でしか作られていない希少価値の高い泡盛だが、島内には2軒の酒造所があって工場見学に応じてくれる。

花酒の味わい方

●ストレート／度数が高いのでおすすめできない。口をつけて芳醇な香りと灼けるような喉ごしを味わってみるのもいい。
●水割り／好みにもよるが、おいしいとされるのは花酒1に対して水2〜3の割合が目安。
●お湯割り／花酒1に対して水1〜2で割ったものを熱湯（1〜2）で割る。
●カクテル／炭酸やウーロン茶、牛乳などで割ったり、果実酒のベースにも最適。

「どなん」の銘柄を扱う国泉泡盛の工場内

花酒を生む2つの酒造所

花酒を作る酒造所は「どなん」の国泉泡盛のほか、崎元酒造所がある。見学するには事前に電話するのがベター。また、試飲や販売もしている。60度の花酒は各社ともクバの葉で巻かれたタイプがあり、600mℓで島内では3000円程度。味くらべができるミニチュアボトルもある。

崎元酒造所
（さきもと）

直火式蒸留機を使う銘柄「与那国」は米の甘みがあり風味が濃厚。工場見学は16：00まで。

☎0980-87-2417
地図／p.135
🕐9：00〜17：00　休日曜・行事

国泉泡盛
（こくせん）

全国的にも知名度が高い「どなん」を扱う。クバ巻のほかグリーンボトルがある。

☎0980-87-2315
地図／p.135
🕐8：00〜17：00　休日曜

古代都市の遺跡か!?

与那国 謎の海底遺跡

与那国島の南岸、新川鼻の海底には階段状になった巨大な壁がそそり立っていて、「遺跡ポイント」としてダイバーたちに人気が高い。自然に出来た地形なのか、人の手によって造られた古代都市の跡なのか、世界から注目を浴びていて現在も研究が進められている。

高さ26m、幅270mもの巨大な階段状の地形

この海底の地形は、すでに半世紀以上前から島の漁師によって目撃されていたらしいが、1986年に「マリンクラブ・サーウェスヨナグニ」を経営する新嵩喜八郎氏によって、「遺跡ポイント」として名づけられ、脚光を浴びるようになった。

かつて与那国島のある琉球列島は中国大陸と陸のようにつながっていた。ポイントのあるこの付近も今の水深の30〜40mくらいまでは陸地で、およそ9000〜1万年前の地殻変動によって海のなかに沈んだと考えられている。

遺跡とされる地形の大きさは高さ約26m、幅は東西約270m、南北約120mで、面積はエジプトのピラミッドに相当するという。太陽の光が差し込むと神殿のような姿が浮かび上がってくる。巨大岩が直角に削られたような構造であること、階段状や回廊状らしき部分があることなどから、人工の建造物ではないかと考えられ、現在、研究が進められてい

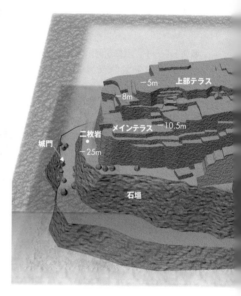

る。なかでも琉球大学の木村政昭氏によって古代遺跡の根拠とされる、さまざまな事項が明らかになっている。

まず周囲はループ道路のようになっていて、縁には巨石の石組ができている。道の南側では外側が一段低くなり、水はけまで意識された精巧なものだという。また、階段と思われる上方には広いテラス状の場所が広がっていて、規則的な間隔でクサビの跡のようなものが発見されている。ほかにも、儀式に使用されたとも思われる亀の形のレリーフや、線が刻まれた石板なども出土されている。

遺跡ポイントは新川鼻の沖合い約100mの地点

とても自然の産物とは思えない垂直な切り口

サンニヌ台や立神岩など
島の周囲には神秘がいっぱい

　あらためて島の周囲を見渡すと、遺跡ポイントから東へ約2.5km離れたサンニヌ台にも10m以上に及ぶ直線的なテラス状の地形がある。木村教授の調査によると、ここにも自然の摂理に逆らって加工されたと思われる、鳥や亀をかたどったレリーフや約2m四方の炉の跡があるそうだ。また、立神岩の近くの海中には大きな目と口が掘られたモアイ像のようなものが発見されている。古代遺跡と関連して調べられている。

　現段階ではこの海底のポイントが、自然の地形か、人工建造物か明らかになっていない。ぜひ紺碧色の海に潜って、自分の目で確かめてみよう。

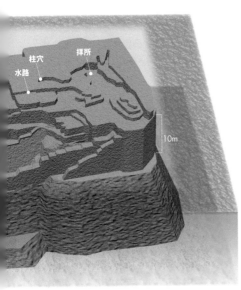

柱穴　拝所　水路　10m

与那国　謎の海底遺跡

海底遺跡を見に行こう

　一番間近で見ることができるのはダイビングだが、流れが速いので上級者向け。p.144の各ショップでは、年間を通してボートを出しているので問い合わせてみよう。ライセンスがないならグラスボートでも十分楽しめる。透明度が抜群に高いので、日が出ていれば下のほうまで明るく見え、潮が引いているときは、海面すれすれに遺跡ポイントのてっぺんが現れる。船底ではなく、側面に大きな窓のある半潜水艇ジャックスドルフィン号（p.144参照）は、

遺跡を立体的に見ることができる。ポイントは島の南側にあるので、夏場は風が強く、船が出ないこともある。酔いやすい人は、冬のほうが安心だ。

（資料提供／与那国町観光協会）

見る＆歩く

西崎
いりざき

地図p.134
与那国空港から🚗15分
♀久部良から⛴15分

　北緯24°26′44″、東経122°56′09″。久部良漁港から長い坂道を登っていくと、白い灯台と展望台、そして「日本国最西端之地」と刻まれた碑がある。展望台からは黒潮がとうとうと流れる様子がわかる。また、年に数えるほどだが、海上に台湾の山並みが大きく浮かび上がることがある。これは天候が悪くなる前兆ともいわれている。ここには台湾を遠望した時の写真がある。

クブラバリ

地図p.134
与那国空港から🚗10分
♀久部良から⛴15分

　幅約3m、深さ約7mの岩の割れ目で、人頭税時代、妊婦に飛び越えさせた。重税に耐えかねた人減らしの策で、越えられなかった妊婦は落ちるか流産したという悲惨な歴史のある場所。危険なので、真似をしないように。

サンニヌ台と軍艦岩
さんにぬだいとぐんかんいわ

地図p.135
与那国空港から🚗15分

　サンニヌ台は波の浸食と風化によってできた階段状の岸壁。遊歩道から望むと、海に向かって開かれた広々としたステージのようにも思える。近年この断崖に、鳥(大ワシ)や亀を型どったレリーフのような跡が発見され、海底遺跡と関連して調査が進められている。遊歩道からもはっきり見ることができる。サンニヌ台の隣にあるのが軍艦岩で、名前通り大きな軍艦が海に停泊しているかのようだ。現在展望台周辺は立ち入り禁止区域になっているので、中に入ることはできない。

東崎
あがりざき

地図p.135
与那国空港から🚗15分

　島の東端の岬。なだらかで広大な草原となっていて、ヨナグニウマがのんびり草をはむ光景が見られる。荒々しい景観とはよそに、どこか牧歌的な雰囲気で、ほのぼのとしている。晴れた日には大海原の向こうに西表島が見渡せる。なお「東」を「あがり」と読むのは日が昇る方角から。同様に「西」は「いり」となる。

東崎ではヨナグニウマをこんなに近くで見ることも

立神岩
たちがみいわ

地図p.135
与那国空港から🚗10分

　荒々しい景観の東海岸にそそり立つ、与

那国島のシンボルともいうべき岩。昔、ある若者がこの頂上に登り、下りられなくなったところ、神様が助けてくれたという言い伝えがある。まるで神が宿っているかのように海面から突き出ている。

ティンダハナタ

地図p.135
与那国空港から🚗10分
♀祖納から⛵10分

　標高約100mの切り立った岩山。天然の展望台からの眺望はすばらしく、祖納の集落やナンタ浜を一望する。かつて島を統治した女傑、サンアイイソバが居を構えていたという説がある。写真上のように眺望も素晴らしい場所。

POINT　てくナビ／頂上に近い部分に浸食洞からなる展望台があり、駐車場から遊歩道が完備されている。途中には湧き水も見られる。

TEKU TEKU COLUMN

ビーチ情報

　与那国の海は、ほとんどが断崖絶壁。仮に海岸まで下りられたとしても、流れが非常に速いので、すべて遊泳禁止と考えていたほうが無難。数少ない砂浜のなかで、海水浴に適当なビーチをあげれば、祖納（ない）のナンタ浜、比川（ひがわ）の比川浜、久部良（くぶら）のナーマ浜。東崎の近くのウブドゥマイ浜は白砂と青い海のコントラストが美しいが、流れがあり泳ぐのは危険だ。

久部良のナーマ浜

吸い込まれそうな色のナンタ浜

与那国島

141

買う & 食べる

祖納／衣料

オネマヒナ

地図p.135 祖納
🧍祖納から👟10分

コンクリート打ち放しの店内には、与那国にこだわったオリジナルTシャツ（半袖3300円〜）やパーカー（8800円）が並ぶ。立神岩やハンマーヘッドシャークなど、柄はどれもユニークで色もかわいい。店名はハワイ語で砂と月の意味。

📞 0980-84-8880
🕐 10:00〜日没　🈡 第1火曜

祖納／食品

蔵盛製塩
くらもりせいえん

地図p.135 祖納
🧍祖納から👟5分

昔ながらの製法にこだわった島とうがらしのペースト（50g500円、110g900円）は、島とうがらしに自家製の塩を加え、時間をかけて丁寧に練り合わせて作る。ピリッとした辛さの奥に優しい甘みを感じる。与那国や石垣の空港、島内ホテル、商店で販売。

📞 0980-87-2776
🕐 9:00〜19:00頃　🈡 不定

祖納／居酒屋

ビアガーデン国境
ぴあがーでんはて

地図p.135 祖納
🧍祖納から👟2分

味にこだわりのある大将、きんちゃんが腕をふるう。近海魚の料理が絶品で、カジキを素材にした唐揚げては与那国ならではの味。長命草入り油味噌カリカリ豆腐は、すべて島内で作られた素材からできていて人気の一品。

📞 0980-87-3255
🕐 11:30〜13:30（日曜を除く）、18:30〜23:00　🈡 木曜

久部良／島料理

海響
いすん

地図p.134
🧍久部良から👟1分

海人（漁師）の集落、久部良にある島料理の店。メニューも多く、地元の人たちも集う。カジキのバター焼は500円、旬のお刺身（700円〜）や海響サラダ（600円）。

📞 0980-87-2158
🕐 18:00〜23:00　🈡 水曜

久部良／洋食

Moist Roll Cafe
もいすとろーるかふぇ

地図p.134
🧍久部良から👟1分

すべてオーナーが手がけているセンスのいい店内でゆっくり。柔らかしっとりのロールケーキとドリンクのセット（800円）。島の魚と素材を存分

祖納／島料理

どぅーらい

地図p.135 祖納
🧍祖納から👟5分

店名は与那国方言で「集まる」。島素材を使った創作料理がいただける。長命草そうめんチャンプルー、ラフテー、刺身六点盛りが人気。

📞 0980-87-2909　🕐 18:00〜23:00（LO）　🈡 日曜

祖納／パン

パネス

地図p.135 祖納
🧍祖納から👟3分

島で唯一のパン屋。与那国ならではの長命草メロンパン、黒糖メロンパン、おみやげにちょうどいい3色ラスク。カフェを併設しランチも提供している。

📞 050-3578-3608　🕐 10:30〜18:00（売切次第閉店）　🈡 火曜

に使用し、海水で茹で上げた日替わりパスタとロールケーキのランチセット（1500円）。予約が望ましい。

📞 0980-87-3130
🕐 11:00〜日没　🈡 不定

泊まる

宿泊施設は約20軒。シティホテルが1軒あるほか、和室がメインの旅館、民宿などが点在。エリアでは祖納がいちばん多く、久部良や比川にも数軒ある。ほとんどは無料送迎してくれる。

🌙 **祖納** ⭐

入福旅館
いりふくりょかん

地図p.135祖納
与那国空港から送迎🚗5分

築100年を超す赤瓦の建物で、国の文化財に指定されている。別館のほうは2階建てでバス・トイレ付きの部屋も。常連客も多い。

📞 0980-87-2017
ℹ️ 9室
💰 1泊朝付6000円～

🌙 **祖納** ⭐

SAKURA HOUSE
さくらはうす

地図p.135
与那国空港から🚗6分

与那国織や染色の作品で人気のブランドSAKURA YONAGUNI雑貨店が併設する古民家一棟貸しの民泊。1日1組限定。

📞 090-6858-9239（13:00～18:00）
ℹ️ 1軒まるごと貸切
💰 1人8800円

🌙 **祖納** ⭐

アイランドホテル与那国
あいらんどほてるよなぐに

地図p.135
与那国空港から送迎🚗3分

空港から1kmの位置に建つ与那国島唯一のホテル。

📞 0980-87-2300　ℹ️ 77室
※休業中

🌙 **祖納** ⭐

ゲストハウスフィエスタ

地図p.135祖納
与那国空港から送迎🚗5分

カジュアルなご夫婦が営む男女別のドミトリー。屋上テラスからの眺めがすばらしい。釣り竿やシュノーケリングセットの無料貸出があるので遊びに困らない。シャワートイレ共同。洗濯機、共同キッチンあり。

📞 0980-87-2339
ℹ️ ドミトリー2室、個室2室
💰 素泊まり2500円
　　個室5000円～

祖納	旅の館阿壇 あだん	📞0980-87-2947／📍地図：p.135祖納／💰1泊2食付7300円～ ●赤瓦の母屋と別棟の洋室、少し離れた所に別館も。テレビ、エアコン付き。
	ホテル入船	📞0980-87-2311／📍地図：p.135祖納／💰1泊2食付7000円～ ●「サーウェスヨナグニ」と同経営のホテル。宿泊者は海底遺跡遊覧が割引に。
	民宿さんぺい荘	📞0980-87-3377／📍地図：p.135／💰1泊朝食付3000円 ●静かな高台にあり、夜空がきれいに見える。洗濯機の使用が無料。
	民宿さきはら荘	📞0980-87-2976／📍地図：p.135祖納／💰1泊朝食付5600円 ●スーパーや役場などの公共施設に近い。家庭料理が自慢。空港まで送迎あり。
久部良	民宿みねむら	📞0980-87-3636／📍地図：p.134／💰素泊まり4000円 ●洗濯機、エアコンの利用も無料。細やかな心づかいの素泊まり宿。
	ペンション サザンスマイル	📞0980-87-3760／📍地図：p.134／💰素泊まり6000円～ ●久部良漁港を望む立地。全室にバス・トイレ、キッチンなどを完備する。
	民宿はいどなん	📞0980-87-2651／📍地図：p.134／💰素泊まり6000円～ ●久部良漁港の近くに建ち、ダイビングや釣り客が多い。空港まで送迎あり。
	民宿よしまる荘	📞0980-87-2658／📍地図：p.134／💰1泊2食付9350円～ ●与那国ダイビングサービスに併設。西崎に近く、食堂からは夕日を望める。

与那国島

海底で、海中で、馬上で！ 自然を満喫

マリン・フィールドアクティビティ

陸海ともに他の離島とは地形が異なる与那国島
最西端の島にも
雄大な自然の魅力を存分に楽しませてくれる
心強いショップが多種ある

海底遺跡	ジャックスドルフィン号 ☎0980-87-2311	【ホテル入船内】◆半潜水艇での海底遺跡遊覧（約1時間）6000円 （4名以上のグループ割引5000円・障害者割引4000円）
ダイビング	与那国ダイビングサービス ☎0980-87-2658	【民宿よしまる荘内】◆体験ダイビング1万6000円〜（海底遺跡は2万1000 円）◆ライセンス取得コース7万8000円◆2ボートダイブ1万2500円
ダイビング	ダイビングサービスマーリン ☎0980-87-3365	◆体験ダイビング1万5000円（ランチ別）◆ライセンス取得コース（要問合 せ）◆2ボートダイブ1万1000円
ダイビング	マリンクラブサーウェスヨナグニ ☎0980-87-2311	【ホテル入船内】◆体験ダイビング1万5000円◆ライセンス取得コース7万 5000円◆2ボートダイブ1万5000円
ダイビング	la mer bleue（メールブルー） ☎080-2395-3466	久部良港から出港。◆1ボートダイブ1万500円◆2ボートダイブ1万5750 円◆3ボートダイブ2万1000円
ダイビング	与那国＠遊 ☎090-4851-5246	◆謎解きツアー3コース各3000円◆洞窟探検ツアー2コース1万2000円◆ トゥクトゥクツアー90分3コース各9000円、島1周180分コース1万5000円
釣り船	カジキ釣り漁船勝丸 ☎0980-87-9650	◆大物カジキトローリングコース・ライブベイトフィッシング半日4万円・1日6万5000円 ◆大物カジキトローリングコース・ルアーフィッシング半日4万5000円・1日7万5000円
乗馬	ちまんま広場 ☎090-4470-4792	◆体験乗馬（30分）5000円◆ミニトレッキング（60分）1万円◆ロングコース（90分）1万5000 円◆海馬遊び（60分）説明込み1名1万円◆ミニトレッキングと海馬遊び（2時間）2万円
乗馬	与那国馬風牧場 ☎090-2502-4792	◆コトーの海を行く（1時間）1万1000円◆満月を行く（1時間）1万4000円◆ コトーの浜へ行く（1時間）9000円◆モンゴルへ行く（2.5時間）2万2000円

TEKU TEKU COLUMN

おとなしくて人に慣れやすい
ヨナグニウマでのんびり散歩

　東崎に近い北牧場や南牧場などで放牧されていて、与那国島で見るウマはすべてヨナグニウマである。ヨナグニウマは背の高さが120cmあまりと小型ながら力が強いのが特徴で、人なつこく穏やかな性格だ。粗食にも耐えることから、古くから農耕

や運搬に活用されてきた。与那国島では海の遊びもさることながら、しっかり調教されたヨナグニウマに乗って島の風景を楽しむアクティビティも人気だ。普段と違う高さからちょっとした小山に分け入ったり海辺を散歩する体験は沖縄でできる遊びとしても珍しい。

八重山を
もっと楽しむ

うちなーを知る

旅のことば事典

ダマヌチマ　タギドン　ドナンチマ　ンデ
チマガ　カバルンニ　クトバンカバイドゥキル
チマチマヌ　クトバ　バガタヤ　タビン
キルンスゥ　ウムツァグ　ナルンドォー。

八重山諸島の島は、竹富島、与那国島と、島が変わると言葉も変わります。
島々の言葉を知っていると、旅がおもしろくなりますよ。(与那国の方言で)

あいさつ・方言

うちなーぐち
沖縄の方言は、奈良時代以前に日本語から枝分かれした言葉とされている。八重山地方も総じて、母音はa・i・uの3音のみで、eとoはiとuに吸収された形となる。従って「こころ」は「くくる」、「かぜ」は「かじ」と変化する。

おーりーとーり
八重山の方言で「ようこそいらっしゃいました」の意。与那国島では「わーりー」といい、宮古島では「んみゃーち」、那覇に行くと「めんそーれ」となる。石垣島の美崎町には「おーりーとーり」という看板があるが、「通り」の名前と勘違いしないように。

上等　じょうとう
内地ではグレードが高いことを示すが、沖縄ではそうとも限らず、ひんぱん使われる。「この島ぞうり、こんなにすり減ってもまだ履けるよ」「上等さ〜」。

だからよ
話の内容をうやむやにし、話題を終結させるのに都合のいい言葉。「私の分までおかずを食べたでしょう？」「だっからよ」などと、困ったときによく使う。

はいさい
「こんにちは」というあいさつ。女性は「はいたい」。

みーふぁいゆー
八重山の言葉で「ありがとう」の意。那覇では「にふぇーでーびる」。

町歩き

東西南北　あがりいりぱいにし
沖縄では日が昇る方角から東を「アガリ」、同様に西を「イリ」と読む。西表島がわかりやすい例だ。さらに南は「パイ」、北は「ニシ」となる。波照間島のニシ浜ビーチは島の北に位置している。

石敢当(當)　いしがんとう
T字路や三叉路の突き当たりで見かける魔除け。石に敢えて当たると書くが、魔物は角を曲がるのが苦手で、T字路の正面の家に突き進んで来てしまうため、石敢当が防いでくれるらしい。立派な表札のようなものが多い。中にはコンクリート塀に走り書きしたような

ものもあって、普段の島人の生活により必要性が感じられる。

御嶽　うたき
八重山では「オン」とも「ウガン」ともいう。神々が降りてくる聖地で、さまざまな祈願や、祭礼が行なわれる。祠のなかにむやみに立ち入ったり、神域内の木を折ったりするのはタブーとされている。旅の安全と健康を祈って手を合わせよう。

亀甲墓　きっこうばか
中国の華南から影響を受けたという、亀の甲のような形をした墓。沖縄各地で見られる。小さなものでも6畳から8畳くらいのスペースがある。海岸沿いや畑の真ん中など予期せぬところで目にする。

シーサー
沖縄の魔除けのひとつで、屋根の上に鎮座する獅子のこと。陶製の立派なものから、瓦職人が余芸で作ったものまでさまざま。

冷し物一切　いっさい
アイスクリームや冷えたジュース、かき氷などの冷たいもの全般のこと。「一切」と断言するのは暑い土地柄か。食堂や売店の看板などによく見かける。

ひんぷん
屋敷の前にある大きな衝立のようなもの。石塀あり、生け垣あり、一枚岩や花壇もあったり、バラエティ豊か。昔は男性は右側、女性は左側から入るという決まりがあった

そうだ。魔除けの一種だが、家のなかが丸見えにならない役目もある。

星砂　ほしずな
　正体は、サンゴ礁の浅い海でバクテリアなどを食べながら生活している有孔虫の死骸。

港　みなと
　出会いと別れのシーンが生まれるところ。船が岸壁と離れ、見送る人の姿がしだいに小さくなっていくのにはじんとくるものがある。生活物資が送られる島のライフラインでもある。

料理

アーサー
　海藻の一種で和名はヒトエグサ。2月頃、岩場を黄緑に染め上げる早春の風物詩。アーサー汁や天ぷらなどにして味わう。

アバサー
　ハリセンボンのこと。沖縄では汁などに入れて食用にする。一度食べたらやみつきに。市場では皮をはがされた痛々しい姿で並んでいる。

泡盛　あわもり
　タイ米を黒麹菌で発酵させてつくる沖縄独特のお酒。島酒、シマーとも呼ぶ。30度、43度、60度などの度数がある。蒸留酒

なので二日酔いしにくいといわれるが、たくさん飲めばやっぱり翌日はつらい。

イリチー
　炒め煮のこと。「クーブ（昆布）イリチー」「おからイリチー」などが代表例。

海ぶどう
　名前の通りぶどうのような海藻。口に入れると少しヌルヌル、だけど、プチプチの不思議な感覚。サラダになったり、刺身の付け合せに、とサイドで大活躍。

オリオンビール
　沖縄県産のビールで、圧倒的なシェアを誇っている。味はやや軽めだが、暑い浜辺でゴクゴクと飲むにはぴったり。大きなスポーツイベントなどがあると、期間限定の特別デザインラベルも登場。

カマボコ
　八重山のカマボコは揚げてあるのが特徴。丸い円柱状のマルグヮーや、油揚げのような形状の平カマボコ、アーサーなどが入ったたらし揚げがポ

ピュラーで、海の幸がぎっしり詰まっている。

グルクン
　和名はタカサゴで、沖縄の県魚。塩焼きや唐揚げにする。

コーレーグース
　赤唐辛子を泡盛に漬けた、独特の香辛料。そばにかけると味が引き立つ。自分でも作ることができる（p.155参照）。

ゴーヤー
　沖縄を代表する夏野菜。苦いが、ビタミンCがたっぷりで、夏バテ防止になる。炒めもののほか、軽くスライスしてサラダにしてもおいしい。

シークヮーサー
　沖縄で栽培される柑橘類で、ヒラミレモンともいう。ライムを少し濃厚にしたような味。ジュースもある。

ジーマーミ豆腐
　落花生を原料にしてつくった豆腐で、内地のゴマ豆腐に似ている。甘い

タレをかけて食べる。家庭ごとに味が違う。

島豆腐　しまどうふ
　沖縄の豆腐は堅く締まっていて、ずっしり重い。炒めものにしても形がくずれにくい。

ジューシー
　汁けの多い雑炊と、普通の炊き込みご飯の両方を指す。ヨモギを使ったフーチバージューシーなどが一般的。

スクガラス
　アイゴの稚魚をスクという。旧暦6月1日前後の大潮のときにスクの大群が浅瀬に寄り、年に一度のスク漁が行なわれる。スクガラスは塩漬けの瓶詰めのこと。スクを豆腐にのせた料理をスク豆腐という。

すば
　そば、すなわち八重山そばのこと。小麦粉が原料で、うどんとラーメンの中間という感じ。丸い麺を使うのが八重山そばの特徴。沖縄そばは麺が平たい。出汁は白濁した豚骨ベースやさらさらの鰹節ベースなど家庭、お店によって様々。

チャンプルー
混ぜるという意味で、料理では炒めもののこと。ゴーヤーを入れればゴーヤーチャンプルー、麩を入れればフーチャンプルーとなる。

テビチ
豚足を使った煮物。ゼラチン状の舌ざわりも楽しめ、コラーゲンがたっぷり。

ドラゴンフルーツ
グロテスクな形をしたサボテンの一種で、キウイフルーツを甘くしたような味。中がピンクのと白のがある。

ナーベラー
へちま。内地ではタワシなどに使われるが、沖縄ではナーベラーンブシーなど食用に。

パパイヤ
果物として出てくることはほとんどなく、野菜

の代わりに炒めたり、漬け物にする。熱を通すと大根のようなシャキシャキした食感になる。

ヒージャー
ヤギのこと。農家などで飼っていて、何かお祝い事があるときに、つぶして食べるごちそう。汁や煮込みが普通だが、臭いが強いので、ヨモギなどを臭み消しとして用いる。新鮮な皮とロース、睾丸などが刺身として味わえる。

ミミガー
沖縄では豚は鳴き声以外は食べ尽くすといわれている。ミミガーは耳の部分で、コリコリとした歯ごたえ。薄切りにして酢の物などに。

ンブシー

味噌味の炒め煮。ナーベラーやパパイヤが合う。

おやつ

黒糖　こくとう
さとうきび畑は八重山の原風景。秋には黄金色の穂を風になびかせる。黒糖は石垣、小浜、西表、波照間、与那国の製糖工場で作られ、素朴な甘みと栄養価が高いことで知

られている。方言で「さったー」などと呼ばれお茶タイムにはこれと、さんぴん茶（ジャスミンティー）が欠かせない。

サーターアンダギー
さとうてんぷらとも呼ばれている。沖縄版のドーナッツで、おやつの代表選手。最近はヨモギや紅イモ、グァバ味など豊富（p.58参照）。

塩せんべい
沖縄の駄菓子。小麦粉だけが原料なので、内地のせんべいとは違い、ふんわり軽い食感が特徴。揚げてあるので腹持ちがよく、ビールのおつまみにもぴったり。

島バナナ
集落の軒先などにたわわに実っている。普通のバナナより小さく、酸味があり味が濃厚。シュガースポットという黒い斑点ができ、皮が割れ始めたら完熟のサイン。

冷やしぜんざい
沖縄のぜんざいとは内地でいう、かき氷のこと。氷の下に金時豆の甘煮と白玉が数個入っている（p.59参照）。

ポーポー
クレープ風の皮に油みそや島ネギを巻き込んだお菓子。よく似ているチンビンは黒糖色をしていて、中身は入っていない。

民謡

安里屋ゆんた　あさどや
人頭税時代、琉球政府の役人が竹富島一の美人であったクヤマに求愛したが、それをはねのけた気丈さを歌っている。二十数番まである。竹富島の民謡を編曲し、全国的にも有名になる。

三線　さんしん
中国から伝わったといわれ、日本の三味線よりもやや小さく、胴にはニシキヘビの皮が張られている。沖縄では「しゃみせん」ともいう。

とぅばらーま
八重山に伝わる代表的な恋歌。昔は愛しい人に想いを伝えるために、ラブレター代わりに詩をつくり、返事も歌で返していた。毎年、中秋の名月の頃、自慢の喉を競う「とぅばらーま大会」が石垣島で開かれる。

民謡酒場　みんようさかば
島唄のライブハウスのこと。店内にはステージがあり、泡盛を飲みながら民謡を楽しめる。リクエストや飛び入りもOK。おおむね盛り上がるのは夜10時を過ぎてから。

島の暮らし

うちなー

沖縄のこと。沖縄の人のことは「うちなーんちゅう」内地の人のことは「ないちゃー」とか「やまとんちゅう」などという。ちなみに八重山では本島に行くとき「沖縄へ行く」という言い方をする。

うりずん

沖縄独特の季節の表現。大地が潤い、花が咲き揃い、しだいに暖かくなってくる頃の気候をいう。旧暦3月頃。

きじむなー

沖縄各地で信じられている妖怪。赤い顔、赤い髪をしている子供で、ガジュマルの古木の穴に住んでいるという。

教訓茶碗 きょうくんぢゃわん

400年も前から石垣島に伝わる。8分目より多く水を入れると、水が一気に全部流れ出てしまうという不思議な茶碗。何事もほどほどに、という意味が込められてる。みやげ物店などで販売されている。

台風 たいふう

八重山諸島は台風銀座。フィリピン沖で発生して、すぐに猛威をふるい出すので、日本の天気図よりもフィリピンの天気図が見たいと思う。地元の人は窓や雨戸を釘で固定したり、船を陸に上げたりと準備も怠らない。停電になることも多

く、お店ではラーメンなどの保存食コーナーが空っぽになるほど買いだめされる。暴風警報が発令されると、学校や官公庁は休みになる。台風が去った後も大変。道路の清掃や、家屋についた潮を含んだ雨を洗い流すのにも一日がかりだ。

ツカサ

御嶽を通して村落の祭礼を司り、神様と人間との間でパイプ役を務める女性。血縁などで継承されている。

てーげー

沖縄人のライフスタイルを表現する言葉。てーげーは「たいがい」がなまったもので、「適当」とか「ほどほど」という意味。英語の「TAKE IT EASY」にも相当し、不思議と音も似ている。大らかな気質は長生きの秘訣。

ニライカナイ

海の向こうにあるとされる、神々の住む豊かな地。そこから神がやってきて、豊作や健康をもたらすと、県内各地で信仰されている。

ブガリナオシ

ブガリ＝疲れの意なのでおつかれさん会。反省会の意味もあるので、行事などの後にはこの日、または近くらいに必ず行われ、親睦をさらに深める大切な宴。なかには、行事中に「ブガリで飲むために今頑張ってるさー」と豪語するおじいも。

豊年祭 ほうねんさい

一年の五穀豊穣を祈願する司祭。様々なことが旧暦に則って行われる沖縄、旧暦の6〜7月に実施される。各集落、島によって段取りや日程が異な

る。石垣島の四ヶ字豊年祭（登野城、石垣、大川、新川）では、各字の御嶽で祈願、芸能の奉納をしたあと、旗頭を宮鳥御嶽まで運び、最終日にはツナヌミンという棒術や、見ている人まで全員参加の大綱引きが行われる。豊年祭が終わらないと、今年が始まった気がしない、と多くの人が言うぐらい大きな祭り。

ミーニシ

新北風と書く。10月中旬頃に、急に風が北寄りに変わり、秋が訪れる。この頃、渡り鳥のサシバが飛来する。

ミルク

五穀豊穣や子孫繁栄をもたらす、布袋の面をつけた神様。語源は弥勒菩薩ともいわれている。島や集落によって表情が違うが、福々しい笑顔は変わらない。波照間島のムシャーマ、竹富島の種子取祭、西表島の節祭などに現れる。

もーやー

舞う→舞わせる（もーらせる）の意味。本島ではカチャーシーと呼ばれ宴会のシメに必ず行われる。三線の早弾きに合わせて、手や足を動かすのだが、なかなか難しい。見ているばかりではもった

いないので、見よう見真似で踊るべし。

八重山上布 やえやまじょうふ

伝統的な織物で、原材料は苧麻。白地に藍や茶褐色の絣模様が織り込まれ、清楚で気品に満ちている。人頭税として王府に献納していた過酷な歴史があるが、精巧な織物は現在まで継承されている。

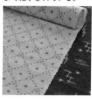

ヤモリ・やーるー

沖縄のヤモリは人家やその周辺に見られる。もっともポピュラーなのはナキヤモリ。天井にへばりついて「きょきょきょきょ」と鳴き、甲高い笑い声のように聞こえる。体は白く透き通っている。爬虫類とはいえどこか弱々しい雰囲気で、人間には害はなく、害虫を退治してくれる。

ゆんたく

おしゃべりすること。「あい！ いつまでゆんたくしとるか？」のように使われる。

八重山の歴史ダイジェスト

アジアの玄関口として、独自の文化を培ってきた八重山諸島。
その影には人頭税やマラリアなど悲惨な出来事もある。
歴史の流れをおおまかにたどってみよう。

南海の争乱から薩摩の支配

　八重山が日本本土と交渉があったのは8世紀の初め頃。『日本書紀』や『続日本紀』などに示されている。そして1390（元中7）年に沖縄本島で台頭していた勢力のひとつ、中山に入貢した。これによって八重山でも海外交易が盛んになり、各地で鉄製品や陶磁器などが発掘されている。

　15世紀終わり頃、八重山の島々では首領級の人物が互いに勢力を競い合っていた。石垣島の長田大主（石垣）、仲間満慶山英極（川平）、オヤケアカハチ（大浜）、加那按司（平久保）、西表島の慶来慶田城用緒、波照間島の明宇底獅子嘉殿、与那国島の女酋、サンアイイソバらだ。

　そのなかでオヤケアカハチが1500（明応9）年に王府に反乱を起こす。当時の琉球国王、尚真の圧倒的な軍事力によって制圧され、八重山は政治的、宗教的に王府の支配体系に組み込まれていった。1609（慶長14）年、薩摩藩の琉球侵略によって統治機構はいっそう整備される。

　1637（寛永14）年に人頭税制度が始まる。頭割りの税制だが、宮古・八重山には年齢別に過重な負担が課せられた。この過酷な制度は明治の税制改革までつづいた。

明和の大津波とマラリアの蔓延

　人頭税の労苦にあえぐなか、1771（明和8）年、大津波が八重山の島々を襲い、甚大な被害を与えた。八重山の総人口2万8896人のうち、死者行方不明者は9313人にものぼった。1879（明治12）年には、日本政府が琉球処分を敢行、沖縄県が設置され、八重山の開拓が本格化する。

　太平洋戦争では直接の戦闘はなかったものの、マラリアによる犠牲者が戦没者をはるかに上回った。1945（昭和20）年、波照間島、黒島、新城島、竹富島、鳩間島には軍命が下り、西表島などに強制避難させられた。避難先は昔からマラリア有病地帯として知られていた場所で、移住した住民の多くがマラリアにかかって、無念の死をとげた。マラリアによる死亡は3647人、八重山全人口の1割にものぼる。

おもな出来事

年	出来事		
1390（元中7）	宮古・八重山初めて中山に入貢する		
1500（明応9）	オヤケアカハチの乱が起こる		
1519（永正16）	西塘が園比屋武御嶽石門を造る		
1524（大永4）	西塘が竹富首里大屋子に任命され、竹富島に蔵元を建て八重山を統治する		
1628（寛永5）	大浜、石垣、宮良の三間切に分けられそれぞれに頭職がおかれる		
1637（寛永14）	人頭税制度が始まる		
1771（明和8）	明和の大津波おこる		
1879（明治12）	日本政府が琉球処分を敢行、沖縄県をおく		
1885（明治18）	三井物産が西表島の石炭採掘を開始		
1903（明治36）	人頭税廃止		
1908（明治41）	間切・島を村に、村を字に改める		
1914（大正3）	八重山村は石垣、大浜、竹富、与那国の四村に分村		
1944（昭和19）	太平洋戦争下、台湾への集団疎開が実施される		
1945（昭和20）	避難先の山地にてマラリアが蔓延		
1949（昭和24）	沖縄本島や宮古から自由に移民が訪れる		
1958（昭和33）	B円からドルへ切り替え		
1965（昭和40）	イリオモテヤマネコ発見		
1968（昭和43）	石垣島が全島電化となる		
1972（昭和47）	祖国復帰		
1976（昭和51）	具志堅用高がボクシングJ・フライ級で世界の王座に		
1977（昭和52）	西表島北岸の道路が完成し、西部と東部がつながる		
1979（昭和54）	那覇〜石垣間にジェット旅客機が就航		

島旅を楽しもう
星と海の基礎講座

八重山諸島は日本で一番多くの星座が見られる場所だ。さらに、干潮・満潮、満月・新月と、今も人々の暮らしの一部が月のリズムによって営まれている。天体のメカニズムを知れば、旅の楽しさも倍増する。

星座や流れ星をウォッチング

あこがれの南十字星をさがす

沖縄県でしか見られない南十字星は、八重山まで南下するとさらによく見える。とはいっても一年中見えるわけではなく、季節や時間帯は限られている。1〜2月は夜明け前、3〜4月は深夜、5〜6月は日没後で、いずれも南の地平線近くに姿を現す。南十字星を探すときに注意することは、近くにニセ十字と呼ばれる、よく似た星の並びがあることだ。見分けかたはニセ十字のほうがやや大きい。さらに本物はガンマとアルファを結んだ線が天の南極を指すが、ニセ十字はまったく別方向を指している。

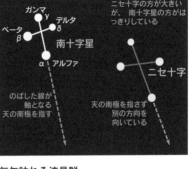

毎年訪れる流星群

例年、夏休みの頃はたくさんの流星群の出現がある。なかでも8月12日〜13日頃をピークに現れるペルセウス座流星群がすばらしく、条件がよければ1時間に30個以上の流れ星が見られる。このほか11月17日前後に出現するしし座流星群、12月13日〜14日のふたご座流星群などが注目だ。

春の空（3月20日頃）→
おおぐま座の一部である北斗七星がひしゃくを地上にふりまくような形に見える

夏の空（6月20日頃）→
こと座のベガ、わし座のアルタイル、はくちょう座デネブが夏の大三角を形成

帯のような部分は天の川

←秋の空（9月20日頃）
さそり座が大きく西に傾き、いて座も明るい天の川とともに南西の空へ移る

←冬の空（12月20日頃）
一度見たら長生きできるという、りゅうこつ座のカノープスが南に出てくる

※いずれも石垣島の21時の空

潮の干満とシュノーケリング

[サンゴ礁の海と干満]

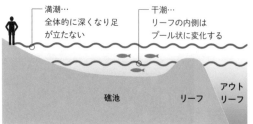

満潮…
全体的に深くなり足
が立たない

干潮…
リーフの内側は
プール状に変化する

礁池　　　　　リーフ　　　アウト
　　　　　　　　　　　　リーフ

満潮

黒島の仲本海岸。大潮の最大満潮時間に撮影。海には水がなみなみとあり、美しく輝いている

干潮

翌日の最大干潮時間、同じ場所での風景。リーフが干上がり大きな陸地が出現。歩いて渡れる

必ず知っておきたい干潮と満潮

　潮の満ち引きは主に月の引力によって生じる。満ち潮、引き潮は通常、1日に2回あって、満潮は上げきった時間、干潮は下げきった時間をいう。約6時間のサイクルで繰り返している。干潮、満潮を潮まわりというが、旧暦をもとにして次のように分けられる。

●大潮／干満の差がもっとも大きな新月と満月のとき。旧暦月末から月初めと中旬頃。
●小潮／干満の差が小さな日。上弦、下弦の月のとき。旧暦10日前後と20日過ぎ。
●中潮／大潮と小潮の中間の2～4日間。三日月の頃。

干満のメカニズム

　海の干満は月と地球と太陽の関係が要因となる。月と太陽は、お互いに引力が働いて地球の海の水を引っ張り合っている。だが太陽よりも月のほうが近いので、月のあるほうに海の水が引っ張られて持ち上がる。一方、地球の反対側では、まわる地球にふりまわされた水が、同時に持ち上がる。地球の両側で、海水が持ち上がっていることになるわけだ。同時にほかのサイドでは、その持ち上がった分だけ減ることになる。この持ち上がったところが満ち潮、減ったところが引き潮となり、月と太陽が並ぶ満月や新月のときは引力が重なり合って、干満が大きくなる。

潮時表の読みかた

　潮時表には海面の潮位と時刻などが示されている。潮位とは基準となる地点の平均水面下100cmから測定した値を指す。したがって、マイナスの値となる干潮時には、かなり大きく潮が引くと考えていい。大潮のときなどは、海面の高低差が2m以上になることもある。海辺で遊ぶときには潮時表を見て、潮まわりや満潮、干潮の時刻をチェックしよう。潮時表は釣り具屋などで手に入る。地元の新聞にも毎日出ている。

[潮時表の例]

5	旧暦	潮回り	満潮				干潮			
			時分	潮位	時分	潮位	時分	潮位	時分	潮位
22 水	11	小	3:59	147	16:02	145	10:13	70	22:23	47
23 木	12	中	4:38	157	17:07	153	11:06	49	23:17	51
24 金	13	中	5:15	167	18:03	159	11:53	29	23:58	56
25 土	14	大	5:52	176	18:54	166	12:38	13		
26 日	15	大	6:28	182	19:46	161	0:40	62	13:22	2
27 月	16	大	7:05	184	20:35	156	1:19	70	14:05	-3
28 火	17	大	7:42	183	21:23	149	1:58	77	14:48	-1
29 水	18	中	8:19	178	22:13	142	2:36	85	15:31	7
30 木	19	中	8:57	171	23:04	135	3:15	91	16:16	16
31 金	20	中	9:37	161	23:59	130	3:57	97	17:07	

3:59と16:02に満潮を迎え、潮位はそれぞれ147cmと145cmということを示す

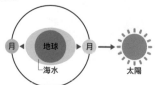

大潮

月　　地球　　月　　　　太陽

海水

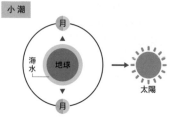

小潮

月　　　地球　　　太陽

海水　　　　月

152

シュノーケリングの方法

3点セットの使い方

　よく使われる3点セットとはシュノーケルとマスクとフィンのこと。これがあれば呼吸をしながら、無理なく泳ぐことができる。レンタルは1日1000円程度。頻繁に使う人は自分に合ったものを買って、持参するのが安心だ。マスクは着ける前に内側に、つばをかけると曇らない。髪の毛が1本でもはさまっていると水が入ってくるので注意。フィンは歩きにくいので、水に入る直前で着けよう。マリンブーツの上から装着するタイプが便利だ。

シュノーケルクリアや耳ぬき

　シュノーケルに水が入ってきた場合、プッと口からひと息で吐き出す。あわてると、水を飲んでしまうので、落ちついて。深く潜るには腰を90度、折り曲げて勢いをつけるジャックナイフ型の潜り方が効率的だ。潜って耳が痛くなったら鼻をつまんで、フンと鼻をかめば、耳ぬきできる。深く潜ると、マスクが押しつけられるが、このような場合は鼻から息を出せばいい。

シュノーケルはゆっくり吸って強く吐く。潜水から海面に出たときは、このような姿勢でプッとひと息で吐き出す

動かし方はバタ足だがひざを曲げずにゆっくりと動かす

シュノーケル
胸をはる
腰を曲げない
フィン

マスク
視線はやや前方に向ける

グローブか軍手
腕は力を抜いて体の横に

サンゴ礁の危険生物

　サンゴ礁の海には危険な生物も少なくない。むやみに触れたり、いたずらしたりしなければ、まずは安心だが、海に入る前に一読を。

ハブクラゲ

　6～9月に海岸近くの浅瀬にいる。半透明なので見つけにくい。刺されると強い痛みを感じ、まれに呼吸停止になることも。絶対に砂や真水でこすらず、酢をかける。

ウンバチイソギンチャク

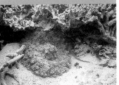

　猛毒のイソギンチャク。直径10～20cm。岩などに付着した藻のようで見わけにくい。応急処置は、こすらず海水で洗い流したあと、冷やして病院へ。酢は使わない。

ウミヘビ

　尾は平たく、まだら模様をしている。強い神経毒をもっていて咬まれると神経マヒを起こし、動けなくなる。もし咬まれたら毒を口で吸い出しながら、至急病院へ。

ミノカサゴ

　背びれ、胸びれに猛毒がある。刺されると激しい痛みが走る。見た目は美しいので、うっかり触ってしまうケースが多い。傷口を洗い、40～45度の湯に60～90分つける。

オニダルマオコゼ

　背びれに毒がある。砂や岩に似ているので、踏んでしまうことがある。鋭い刺があり、薄手のサンダルでは貫通する。傷口を洗い、40～45度の湯に60～90分つける。

アンボイナガイ

　通称ハブガイ。赤褐色の網目模様がついた巻き貝で、毒の矢舌で刺す。しびれが広がり、呼吸マヒからの死亡例もある。毒を口で吸い出しながら至急病院へ。

（写真／沖縄県衛生環境研究所）

八重山みやげを

作る・ひろう・育てる

サンゴ礁、亜熱帯の森、マングローブ林など、
自然に満ちあふれている八重山諸島の島じま。
身の回りにある素材で、こんな素敵なおみやげができる。
お金をかけずに、思い出を増やそう！

雑貨編

①材料のクバの葉に重石をして2、3日おく

②好みの大きさにハサミをいれる

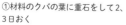

③さらに何日か天日においておくと、しだいに色が変わる

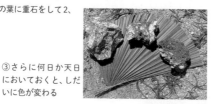

クバおうぎ

八重山の民具のひとつで、クバの葉で作られたおうぎ。冷房などなかった昔はこれで夏の暑さをしのいでいた。意外とパワフルで、冷風を呼ぶ。

指ハブ

昔からある子供の玩具。口の部分に指を入れて引っ張ると、指が抜けない。引っ張れば引っ張るほど、抜けなくなる。みやげ屋で200円くらいで売っている。

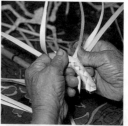

←乾燥させたマーニー（クロツグ）の葉が材料。ひとつ作るのに30分程度。このほか、西表島エコツーリズム協会では「西表島の草木であそぼう」が開かれている（p.121参照）

みんさー織コースター

みんさー織は1600年頃から八重山で織られてきた。絣の柄には、いつ（5つ）の世（4つ）までという意味が込められていて、女性から男性へ、と贈る愛の証しだった。1枚200円くらいから。

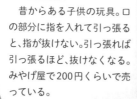

←石垣島のみんさー工芸館（p.42参照）や、西表島の西寿手仕事センター（p.100参照）などで、みんさー織の体験コースを実施している。

サーターアンダギー

　沖縄版ドーナツで、別名を砂糖てんぷらともいう。腹もちがよく、おやつにぴったり。黒糖味、紅イモ味なども出ている。公設市場やみやげ屋で、ひと袋500円くらい。

↑スーパーなどで売っているアンダギーミックスを使えば簡単。低い温度でじっくり揚げて、割れ目ができたらできあがり

↑漬ける泡盛は43度以上の古酒が望ましい。目安は2週間くらいだが、味の好み次第。島唐辛子は石垣や那覇の公設市場で手に入る

コーレーグース

　島唐辛子を泡盛に漬け込んだもので、八重山の家庭にある定番の香辛料。ピリリと辛く、八重山そばには欠かせない。公設市場などで、1本500円くらい。

サンゴの箸おき

　サンゴのかけらは箸おきにぴったり。味気ない食卓でも海の香りが漂ってくるはず。黄ばんでいたり、汚れていたら、漂白剤に漬ければ白くなる。

←このほかにも砂浜は貝がら、ガラス、木ぎれなど海からの贈り物でいっぱい。ビーチコーミングは宝さがしだ

マングローブの種子

　西表島などのマングローブ林に落ちている。風に吹かれるとポトンと枝から離れ、立ったまま流されてゆく。やがて汽水域の地面にささって芽を出す。

←内地でもある程度は成長する。ハイドロカルチャーなどの水栽培も可能。みやげ屋で買うと3本1000円くらい

←黒島などで自生している。八重山では秋から冬に鈴なりの花を咲かせる。葉っぱを選ぶなら肉厚のものが強い

セイロンベンケイソウ

　別名"葉から芽"ともいわれる不思議な草。水に葉っぱを浸しておくだけで、芽がどんどん大きくなる。葉が腐ってきたら土に植え替えよう。みやげ屋では3枚500円くらい。

八重山みやげ

155

八重山諸島の祭りとイベント

数百年の歴史がある伝統的かつ現在の生活に密着している祭りから参加型のイベントまで、それぞれの島で繰り広げられる行事は、どれも熱がこもっている。祭りを見に行く旅もいい。

1・2月

石垣島マラソン
石垣市中央運動公園発着
フルマラソン、23kmの種目がある。アップダウンがきついが、サンゴ礁やマングローブの林を見ながら走る。
1月第4日曜(予定)／石垣市スポーツ交流課 ☎0980-82-1212

旧正月の大綱引き
黒島東筋・宮里
ニライカナイの信仰による旧正月を祝う行事。ふた手に分かれ、綱を引き寄せて豊年を願う。
旧暦1月1日／竹富町観光協会 ☎0980-82-5445

竹富町やまねこマラソン
西表島上原
海を眺めながら大自然を走るルートで上原小学校をスタート。23km、10km、3kmの部門がありタイムを競う。
2月第2土曜／竹富町体育協会 ☎0980-87-6257

黒島牛まつり
黒島牛まつり多目的広場
牛との綱引き、牛一頭が当たる抽選会など、牛の島ならではのイベント。牛汁や牛のモモ焼きなども食べられる。
2月下旬／竹富町観光協会 ☎0980-82-5445

3・4月

最南端八重山の海びらき
八重山諸島のビーチ
日本一早い海開き。新ミス八重山の初お披露目など多彩なイベントを開催。初泳ぎ参加者には初泳ぎ証を交付してくれる。
3月中旬／八重山ビジターズビューロー ☎0980-87-6252

石垣島トライアスロン
石垣市街地
日本のトライアスロン大会屈指の美しい海・空・大地を、南風とともに駆け抜けよう。
4月中旬／石垣島トライアスロン大会事務局 ☎0980-87-0085

5・6月

鳩間島音楽祭
鳩間島
島に住む人、島出身者、観光客が一緒になって盛り上げる大芸能大会。三線による島唄のほかロックバンドも出演。
5月3日(祝)／竹富町観光協会 ☎0980-82-5445

ハーリー・海神祭
西表島白浜港
小浜島細崎港
豊漁や海上安全を祈願するための勇ましい海人の行事で、爬龍船(はりゅうせん)と呼ばれる船で競漕する。
旧暦5月4日／竹富町観光協会 ☎0980-82-5445

ハーリー・海神祭
与那国島久部良漁港
海人の久部良集落で開催。北・中・南の3つに分かれる本バーリーと職場対抗の職域ハーリーがある。
旧暦5月4日／与那国町役場交流推進班 ☎0980-87-3577

石垣市爬龍船競漕大会
石垣漁港
御願ハーリー、職域ハーリー、転覆ハーリーなどのほか、マドンナハーリーや地元小中学校の生徒による舞踊もある。
旧暦5月4日／石垣市観光交流協会 ☎0980-82-2809

7・8月

**与那国島
国際カジキ釣り大会**
久部良漁港
全国から大物釣りファンが集まり、大きさや重さで賞をねらう。磯釣りや親子釣り部門もある。夜は伝統芸能を楽しむ。
7月第1金・土・日曜／与那国町役場交流推進班 ☎0980-87-3577

**オリオンビアフェスト
IN石垣**
石垣市新栄公園
会場では新鮮なオリオンビールが安くふるまわれ、多くの出店が並ぶ。県出身のタレントによるステージも。
7月初旬頃／オリオンビール ☎098-877-5050

四ヶ字の豊年祭
石垣島
大川・登野城・石垣・新川
各字で祈りや芸能を奉納した後、真乙姥御嶽にすべての字から旗頭を運んで棒術などの奉納芸能、綱引きを行う。
旧暦6月頃／石垣市観光交流協会 ☎0980-82-2809

7・8月	白保の豊年祭 石垣島白保集落	嘉手苅御嶽の前の道で「稲の一生」をテーマに稲作の過程がユーモラスに演じられる。大綱引きも見もの。 旧暦6月頃／石垣市観光交流協会 ☎0980-82-2809
	黒島の豊年祭 宮里海岸	最大の見ものはハーリー競漕。このほか奉納芸能、ミルクなど、白い砂浜を舞台に繰り広げられる。 旧暦6月頃／竹富町観光協会 ☎0980-82-5445
	ムシャーマ 波照間島	旧盆の中日に開催。3組に分かれ、それぞれ旗頭、ミルクを先頭に行列し、公民館で踊りや狂言が披露される。 旧暦7月14日／竹富町観光協会 ☎0980-82-5445
	四ヶ字のアンガマ 石垣市街地	ウシュマイ（爺）とンミー（婆）の面をつけて、家々をまわる旧盆行事。あの世に関する珍問答が笑いを誘う。 旧暦7月13～15日／石垣市観光交流協会 ☎0980-82-2809
	南の島の星まつり サザンゲート広場ほか	全島ライトダウンして、星空観望会を開催。島民みんなで天の川を望むのを呼びかける。石垣天文台の施設公開や記念講演会も開かれる。 旧暦七夕前後／石垣市観光文化課 ☎0980-82-1535
9・10月	とぅばらーま大会 石垣市新栄公園	中秋の名月のもと、古くから歌い継がれている名歌「とぅばらーま」を歌い競う。作詞の部と歌唱の部がある。 旧暦8月13日／石垣市観光文化課 ☎0980-82-1535
	小浜島の結願祭 嘉保根御嶽	御嶽の前に舞台が組まれ、ミルク、棒、太鼓、狂言などさまざまな奉納芸能が繰り広げられる。 旧暦8月戌亥／竹富町観光協会 ☎0980-82-5445
	川平の節祭 石垣島川平	農夫の姿を借りた来訪神「マユンガナシ」が各家を訪問し、神詞をとなえ、五穀豊穣と安穏を祈願する。 旧暦9月前後の戊戌／石垣市観光交流協会 ☎0980-82-2809
	祖納・星立の節祭 西表島祖納・星立	五穀豊穣をもたらす神を迎えるための船漕ぎ、ヤフヌティ（櫂踊）、棒術、獅子舞、ミルク行列などが行われる。 旧暦9～10月の己亥から2日目／竹富町観光協会 ☎0980-82-5445
	竹富島の種子取祭 世持御嶽	世持御嶽での庭の芸能、舞台の芸能、各家をまわるユークイからなる島最大の行事。p.82参照。 旧暦9～10月の甲申から7、8日目／竹富町観光協会 ☎0980-82-5445
11・12月	石垣島まつり 石垣市真栄里公園 ほか各会場	真栄里公園での舞台演目のほか、市民大パレード、地元出身アーティストによるライブ、花火などが催される。 11月第1土・日曜／石垣市商工振興課 ☎0980-82-1533
	与那国島一周マラソン大会 与那国中学校スタート	日本最西端の一周24kmを走るマラソン大会。標高差は120mあり、コースは起伏に富んでいる。10kmもあり。 11月第2土曜／与那国町役場交流推進班 ☎0980-87-3577

八重山の伝統的な祭祀

　伝統的な祭りには、今年の収穫の感謝と来年の豊年を祈願する豊年祭、祖先の霊を迎える旧盆行事、農作物の豊作を願う正月儀礼である節祭などがある。リストのほかにも各島、各集落で独自の風習に基づいて開催され、同じ祭りでも内容や雰囲気が異なる。

　日程のほとんどが旧暦と十干十二支の組み合わせで決められている。ちなみに旧暦では新月は1日、満月は15日となり、旧暦と新暦のずれは通常1ヵ月くらい。写真は海岸で行なわれる西表島祖納の節祭。

さくいん

―――あ―――

・東崎（あがりざき）［与那国島］…………140
・安里屋（あさどや）クヤマ生誕の地［竹富島］‥73
・アヤミハビル館［与那国島］…………135
・新城島（あらぐすくじま）…………………94
・伊古桟橋（いこさんばし）［黒島］…………91
・石垣空港（南ぬ島）［石垣島］…………34
・石垣港離島ターミナル［石垣島］…………31
・石垣市公設市場［石垣島］…………43
・石垣島…………………………………40
・石垣島天文台［石垣島］…………………50
・伊原間（いばるま）サビチ洞［石垣島］‥52
・西表島（いりおもてじま）…………………96
・西表野生生物保護センター［西表島］‥109
・西崎（いりざき）［与那国島］…………140
・大岳（うふだき）［小浜島］…………………86
・浦内川（うらうちがわ）遊覧［西表島］‥108
・大見謝（おおみじゃ）ロードパーク［西表島］‥110
・御神崎（おがんざき）［石垣島］…………50

―――か―――

・カイジ浜［竹富島］…………………………72
・海底遺跡ポイント［与那国島］…………138
・川平（かびら）湾［石垣島］…………………51
・上地（かみじしま）［新城島］…………95
・嘉弥真島（かやまじま）…………………89
・カンピレーの滝［西表島］…………108
・喜宝院蒐集館（きほういんしゅうしゅうかん）［竹富島］‥73
・クイヌパナ（上地島）［新城島］…………95
・細崎（くばざき）［小浜島］…………………87
・クブラバリ［与那国島］…………………140
・黒島（くろしま）……………………………90
・黒島灯台［黒島］……………………………91
・黒島ビジターセンター［黒島］…………91
・軍艦岩［与那国島］…………………………140
・コート盛［波照間島］…………………128
・小浜島（こはまじま）…………………84

・小浜島民俗資料館［小浜島］…………86
・コンドイビーチ［竹富島］…………72

―――さ―――

・サンニヌ台［与那国島］…………140
・下地島（しもじしま）［新城島］…………95
・シュガーロード［小浜島］…………86
・白保（しらほ）［石垣島］…………………43
・しらほサンゴ村［石垣島］…………52
・白保（しらほ）の海［石垣島］…………52
・水牛車観光［竹富島］…………………73
・底地（すくじ）ビーチ［石垣島］…………51
・祖納（そない）［西表島］…………………110
・祖納（そない）［与那国島］…………135

―――た―――

・タカニク（上地島）［新城島］…………95
・竹富島（たけとみじま）…………………71
・竹富民芸館［竹富島］…………………73
・立神岩（たちがみいわ）［与那国島］‥141
・種子取祭（たねどりさい）［竹富島］…82
・玉取崎（たまとりざき）展望台［石垣島］‥51
・ティンダハナタ［与那国島］…………141
・唐人墓（とうじんばか）［石垣島］…………50
・トゥドゥマリ浜［西表島］…………110
・桃林寺（とうりんじ）［石垣島］…………46

―――な―――

・ナーマ浜［与那国島］…………………141
・仲間川（なかまがわ）遊覧［西表島］‥108
・仲本海岸［黒島］…………………………92
・なごみの塔［竹富島］…………………73
・ナンタ浜［与那国島］…………………141
・西桟橋［竹富島］…………………………72
・ニシ浜ビーチ［波照間島］…………128
・日本最南端の碑［波照間島］…………128

―――は―――

・南風見田（はいみた）の浜［西表島］‥110
・波照間島（はてるまじま）…………127
・鳩間島（はとまじま）…………………125
・鳩間中森（はとまなかもり）［鳩間島］‥126

・バンナ公園[石垣島] ……………………43
・比川浜(ひがわはま)[与那国島] ………141
・ピナイサーラの滝[西表島] ……110、114
・平久保崎(ひらくぼさき)[石垣島] ……52
・プズマリ[黒島] …………………………91
・船浮(ふなうき)[西表島] ………109、118
・星砂の浜[西表島] …………………110
・星空観測タワー[波照間島] …………129
・干立(ほしたて)[西表島] …………110

————————ま————————
・マリュドゥの滝[西表島] ………………108
・宮良殿内(みやらどぅんち)[石垣島] …46

————————や————————
・八重山博物館[石垣島] …………………46
・由布島(ゆぶじま)[西表島] …………110
・ゆらてぃく市場[石垣島] ………………46
・与那国島(よなぐにじま) ………………132
・米原のヤエヤマヤシ群落[石垣島] ……51
・米原(よねはら)ビーチ[石垣島] ………51

————————わ————————
・忘勿石(わすれないし)[西表島] ………110

テーマ別さくいん
————————ビーチ————————
・石垣島サンセットビーチ[石垣島] ……51
・石長田(いしなーた)海岸[小浜島] ……87
・ウータ浜[小浜島] ………………………87
・ウブドゥマイ浜[与那国島] ……………141
・コンドイビーチ[竹富島] ………………72
・底地(すくじ)ビーチ[石垣島] …………51
・トゥドゥマリ浜[西表島] ………………110
・トゥマールビーチ[小浜島] ……………87
・ナーマ浜[与那国島] ……………………141
・仲本海岸[黒島] …………………………92
・ナンタ浜[与那国島] ……………………141
・ニシ浜ビーチ[波照間島] ………………128
・南風見田(はいみた)の浜[西表島] ……110
・比川浜(ひがわはま)[与那国島] ………141
・星砂の浜[西表島] …………………110

・屋良浜(やらはま)[鳩間島] …………126
・米原(よねはら)ビーチ[石垣島] ………51

————————自然景勝————————
・東崎(あがりざき)[与那国島] ………140
・伊原間(いばるま)サビチ洞[石垣島] …52
・西崎(いりざき)[与那国島] …………140
・御神崎(おがんざき)[石垣島] …………50
・川平(かびら)湾[石垣島] ………………51
・カンピレーの滝[西表島] ………………108
・クブラバリ[与那国島] …………………140
・軍艦岩[与那国島] ………………………140
・サンニヌ台[与那国島] …………………140
・白保(しらほ)の海[石垣島] ……………52
・立神岩(たちがみいわ)[与那国島] …141
・玉取崎(たまとりざき)展望台[石垣島] …51
・ティンダハナタ[与那国島] ……………141
・ピナイサーラの滝[西表島] ……110、114
・平久保崎(ひらくぼさき)[石垣島] ……52
・マリュドゥの滝[西表島] ………………108
・米原のヤエヤマヤシ群落[石垣島] ……51

————————歴史・工芸————————
・安里屋(あさどや)クヤマ生誕の地[竹富島] …73
・喜宝院蒐集館(きほういんしゅうしゅうかん)[竹富島] …73
・竹富島ゆがふ館[竹富島] ………………72
・竹富民芸館[竹富島] ……………………73
・唐人墓(とうじんばか)[石垣島] ………50
・桃林寺(とうりんじ)[石垣島] …………46
・宮良殿内(みやらどぅんち)[石垣島] …46
・八重山博物館[石垣島] …………………46

制作スタッフ

取材・執筆・編集	8823堂 アイ
	小笹勤子
	しかくらかおる
編集協力	寺東知恵
写真	瀧渡直樹　北島清隆
	小橋川哲　石垣佳彦
	石山谷　古川和明
	有坂蓉子　terurin
	Shuntaro
	ダイビングサービスマーリン
	フジマリンサービス
カバーデザイン	寄藤文平＋鈴木千佳子（文平銀座）
イラスト（カバー＋てくちゃん）	鈴木千佳子
本文デザイン設計	浜名信次（BEACH）
本文デザイン	8823堂 アイ
本文イラスト	菊竹直子（p.37、p.120、p153）
地図制作	株式会社 千秋社　株式会社 ジェオ
イラストマップ	馬場ユキヲ（p.74-75）
	岡本倫幸
Special Thanks to	沖縄観光コンベンションビューロー
	石垣市役所　石垣市観光交流協会
	竹富町役場　竹富町観光協会
	与那国町役場　与那国町観光協会
	石垣島天文台　村田行　苧麻長命

ブルーガイド てくてく歩き 21
石垣・竹富・西表島

2023年7月15日 第9版第1刷発行

編　集	ブルーガイド編集部
発行者	岩野裕一
印刷・製本	大日本印刷株式会社
DTP	株式会社 千秋社
発行所	株式会社 実業之日本社
	〒107-0062
	東京都港区南青山6-6-22
	emergence 2
電話	編集・広告 03-6809-0473
	販売 03-6809-0495
	https://www.j-n.co.jp/

●本書の地図の作成に当たっては、国土地理院長の承認を得て、同院発行の20万分の1地勢図、5万分の1地形図、2万5千分の1地形図、1万分の1地形図及び数値地図50mメッシュ（標高）を使用したものである。（承認番号　平13総使、第534号）
●本書の一部あるいは全部を無断で複写・複製（コピー、スキャン、デジタル化等）・転載することは、法律で定められた場合を除き、禁じられています。また、購入者以外の第三者による本書のいかなる電子複製も一切認められておりません。
●落丁・乱丁（ページ順序の間違いや抜け落ち）の場合は、ご面倒でも購入された書店名を明記して、小社販売部あてにお送りください。送料小社負担でお取り替えいたします。ただし、古書店等で購入したものについてはお取り替えできません。
●定価はカバーに表示してあります。
●小社のプライバシー・ポリシー（個人情報の取り扱い）は上記ホームページをご覧ください。